Préface

Chers enfants de 1932,

Lorsqu'on naît en 1932, quel que soit l'endroit, on grandit dans les traces de la crise de 1929. Les chômeurs, affamés, font la queue pour trouver un travail, qui se fait rare. Le climat social se détériore et la situation politique est très instable en France ; Hitler supprime libertés civiques et individuelles dès son arrivée au pouvoir en Allemagne. Qu'on habite en ville ou à la campagne, on sent que les peurs évoluent parallèlement au progrès.

En effet, on est émerveillé par nombre de nouveautés, dont la radio qui fait son entrée dans nos maisons. Charles Trenet chante « Y'a d'la joie », Maurice Chevalier « Quand un vicomte », Édith Piaf « Mon légionnaire »... Nos pères commentent les nouvelles voitures (Traction avant, Peugeot 202, jeep) et les exploits français (liaisons de l'Aéropostale, paquebot *Normandie*, ascension de l'Annapurna). On grandit avec ces bouleversements qui changent la vie et nous apportent la semaine de travail de quarante heures, les congés payés, l'école jusqu'à quatorze ans. On suit de nouvelles idoles, comme Yves Montand qui fait ses débuts à l'ABC, ou Marcel Cerdan qui devient champion du monde.

Mais entre nos sept et nos treize ans, nous connaîtrons la guerre avec son cortège de départs, de peines et de bombardements, le froid, l'Occupation, le rationnement, les privations, la Résistance. Certains messages, comme celui lancé par le général de Gaulle dès le début de la guerre, nous auront permis de tenir en attendant la liesse de la victoire finale, mais la faim et les difficultés ne s'arrêteront pas avec la paix qui s'installe.

En 1946, la France compte 40 517 923 habitants : elle en a perdu 1 389 123 en l'espace de dix ans. Tandis que le monde se réorganise, avec la création d'un État juif et la partition de l'Allemagne en RDA et RFA, la guerre froide s'amorce. La course à l'armement se poursuit avec le lancement des premières bombes atomiques. On avance au gré du progrès, progrès bienvenu qui soulage et facilite nos vies quotidiennes.

Gilles Cappé

Josiane Dupont

1932-1934

L'après-crise

Bien en sécurité dans son landau, bébé observe ce monde inconnu.

Neuf jours au lit

« La maman est malade, elle est allée chercher le bébé et elle est revenue très fatiguée, elle ne peut pas se lever. » Dans la chambre à coucher, ma mère reçoit la visite d'une voisine, venue avec sa petite fille s'enquérir de l'arrivée « pas facile » d'un beau bébé qui, pour l'heure, dort dans son berceau à côté du lit. Après avoir montré le nouveau-né à l'enfant, elle l'envoie jouer dans la cour, pressée d'aborder librement un sujet qu'on n'aborde qu'entre femmes, et pas à n'importe quel moment.

Chronologie

1932
La France compte deux millions de chômeurs, l'Allemagne six millions... Grèves et manifestations se succèdent.

6 mai 1932
Le président français Paul Doumer est assassiné par un déséquilibré russe, Paul Gorgulov. Un jour de deuil national est décrété, et l'on commence à se poser la question de la protection des hommes d'État.

10 mai 1932
Albert Lebrun est élu président de la République par les deux chambres qui constituent le Parlement avec une écrasante majorité de 643 voix. Polytechnicien, député de 1900 à 1920, il fut également sénateur puis président du Sénat.

30 janvier 1933
Hitler est nommé chancelier du Reich par le président Hindenburg.

27 février 1933
L'incendie du parlement allemand, le Reichstag, à Berlin, sert de prétexte à Hitler pour faire arrêter 4 000 responsables du Parti communiste allemand et suspendre les libertés fondamentales.

30 août 1933
Le gouvernement français fonde la société Air France, nouvelle compagnie aérienne internationale.

6 février 1934
Investiture d'Édouard Daladier, manifestations de l'extrême droite et violentes émeutes à Paris.

24 mars 1934
Citroën présente sa première Traction Avant : la 7CV.

23 mai 1934
Mort du couple de criminels formé par Bonnie et Clyde, lors d'une embuscade tendue par cinq policiers de Louisiane et du Texas.

2 août 1934
Le président allemand Hindenburg meurt à l'âge de quatre-vingt-six ans. Hitler obtient les pleins pouvoirs.

2 septembre 1934
Les premiers billets de loterie nationale sont mis en vente.

2 décembre 1934
Au cinéma sort *Tarzan*, film dont le rôle principal est interprété par Johnny Weissmuller, nageur américain et champion olympique.

Le chômage est fort, et l'attente s'éternise dans l'espoir de se faire embaucher.

« Si, si, le docteur était là, mais on est venu le chercher pour quelqu'un qui s'est cassé une jambe à cinq heures et demie du soir ! J'avais perdu les eaux depuis deux heures. Alors je suis restée seule. Ma belle-mère, me voyant avec lui, est partie à son ouvrage... Ce n'est pas elle qui allait rester là avec moi ! », dit la jeune accouchée. Elle revit son accouchement, son angoisse dans la solitude, l'aide d'une voisine, puis le retour du médecin pour la délivrance. « Heureusement que maman m'avait préparé une boîte d'accouchement avec tout le nécessaire et du fil en boyau de chat », finit-elle en entendant l'enfant ouvrir la porte de la chambre.

Du coup, le sujet de la conversation se déplace vers le trousseau, que chaque maman constitue pour son bébé : les brassières tricotées, le linge de corps en coton brodé et les langes, pointes de coton finement ourlées. La voisine compatissante finira par s'en aller en soupirant : « C'est long, neuf jours au lit ! » C'est en effet le temps de repos prescrit à l'époque aux mères qui viennent d'accoucher. La grande majorité des naissances ont lieu à la maison, avec une sage-femme : l'hôpital est réservé aux cas graves, lorsque le médecin de famille décèle un risque pour la mère ou pour l'enfant.

La Traction avant, une vraie nouveauté en matière d'automobile.

La voiture, un luxe...

En 1934, Citroën crée une voiture qui n'a pas son équivalent dans le monde. La Citroën 7 chevaux, « la 7 » à traction avant, est une vraie révolution dans le domaine automobile. En effet, cette voiture est tirée et non propulsée : les roues avant sont motrices, et c'est une grande nouveauté. La publicité vante sa tenue de route, en affirmant qu'elle dompte la force centrifuge. « Son moteur est peu gourmand, il ne consomme que 9 litres d'essence aux 100 kilomètres. C'est un moteur à conception inédite, avec une boîte à 3 vitesses commandée par une manette incrustée sur la planche des instruments de bord. »
C'est le début des productions en grandes séries. Les usines de Javel à Paris sont entièrement transformées afin de construire 300 voitures par jour. La « 7 » est vite surnommée la « Traction ». Elle plaît. Elle coûte 17 700 francs, roule à 100 kilomètres/heure et pèse 900 kilos.

Actuelle et confortable,
la barboteuse tricotée main.

La famille s'agrandit

Voilà plusieurs jours que la même discussion revient à la maison : une ferme voisine vient d'accueillir un enfant de l'Assistance publique, un garçon de dix ans qui y travaillera désormais. Venu faire un « simple tour des familles », le directeur de cette institution frappe aussi à notre porte, pour nous convaincre de prendre nous aussi un enfant abandonné, à qui nous pourrions éviter de « tourner mal ». Il serait doté d'un pécule (nourriture, vêtements, argent de poche et placement à la Caisse d'épargne), avantage non négligeable pour nous, qui ne nous retrouverions pas avec une bouche de plus à nourrir. Convaincus, mes grands-parents iront chercher un enfant par un jour de printemps.

En effet, si pour chaque famille la question de pouvoir prendre en charge un nouveau venu est centrale, le contrôle des naissances n'existe pas. L'avortement est interdit depuis la loi du 31 juillet 1920. Le pape Pie XI lui-même interdit dès 1930 toutes les méthodes artificielles qui entraveraient la procréation. Les naissances non désirées sont monnaie courante, et les enfants abandonnés font partie du quotidien de chacun.

Certaines des femmes confrontées à une grossesse non désirée, et qui refusent d'abandonner leur enfant, font appel à une faiseuse d'anges. Celle-ci pratique un avortement qui comporte de grands dangers pour la vie de la mère, sans compter les risques judiciaires encourus par l'une et l'autre.

En l'absence d'un vrai système de retraite, de nombreux parents continuent de considérer leur descendance comme un placement pour l'avenir.

En effet, s'ils sont des bouches supplémentaires à nourrir, les enfants apportent aussi de nouvelles paires de bras : beaucoup d'entre eux travaillent, leur salaire venant s'ajouter à celui de leur famille. Leur petite taille est par exemple recherchée dans les mines, mais il existe aussi des contrats de louage ou de placement comme apprenti dès douze ou treize ans. Bien entendu, ces salaires sont bas – quand il y en a. Quant à nous, nous bénéficierons de la loi de 1936 qui porte à quatorze ans l'âge de la fin de l'obligation scolaire.

Hitler, chancelier du Reich

La crise financière n'a pas épargné l'Allemagne, qui compte six millions de chômeurs en 1932. Aux élections présidentielles, Paul von Hindenburg devance Adolf Hitler. Profitant des conséquences de la crise de 1929, Hitler s'est hissé à la tête du Parti national-socialiste des ouvriers allemands (NSDAP), le deuxième parti du pays depuis les élections de 1930. Il est nommé chancelier du Reich le 30 janvier 1933. Un mois plus tard, l'incendie criminel du Reichstag, dont il attribue la responsabilité au Parti communiste (KPD), lui permet de se débarrasser de ses principaux opposants. Il obtiendra 44 % des voix aux élections législatives, organisées dans un climat de terreur.

Par le biais d'un plébiscite organisé après la mort d'Hindenburg, le 2 août 1934, Hitler devient seul maître du pays. Il a désormais toute latitude pour mettre en œuvre son projet raciste et expansionniste, affirmer la supériorité de la race germanique, et mettre en place l'exclusion des « races » considérées comme inférieures, parmi lesquelles les Juifs et les Tsiganes.
En 1935, la nationalité allemande sera retirée aux Juifs et leur persécution s'intensifiera. Une première série de mesures destinées à les éloigner des postes à responsabilités est alors mise en place : il sera demandé aux fonctionnaires, professeurs, hommes de loi, médecins et artistes de « se libérer de leurs activités ».

La fête des eaux

En 1930, seules 23 % des communes françaises ont l'eau courante. Quant à l'assainissement des eaux usées, il n'est pas encore d'actualité. Si on désinfecte l'eau avec de l'ozone à partir de 1906, les conditions d'hygiène restent médiocres, toutes les eaux usées étant généralement jetées directement à la rivière.

On fête l'arrivée de l'eau au robinet.

En 1933, notre village est relié à l'eau courante – un événement ! Auparavant, on puisait l'eau dans un puits, corvée quotidienne dévolue aux femmes et aux enfants. Les jours de lessive, nos mères remplissaient broc après broc, qu'elles vidaient dans un grand baquet. Il fallait frotter le linge sur des planches en bois, puis le faire bouillir avant de le rincer dans la rivière.

Grâce à l'eau courante, il n'y a plus à transporter le lourd linge mouillé. Plus besoin non plus d'aller au puits pour faire ensuite sa toilette dans la cuisine : il suffit de tourner le robinet. Ainsi, le confort fait son entrée dans notre maison.

Pour fêter l'événement, notre commune organise des réjouissances : c'est la fête des eaux. Pour préparer ce grand banquet, les garçons coupent des branches de sapin, les filles confectionnent des guirlandes en papier doré et des fleurs en papier de couleur, qu'elles accrochent aux arbustes. Les portes cochères et les entrées de cour sont joliment décorées, et les participants ont revêtu leur plus belle tenue.

Selon les régions et les occasions, des coutumes s'installent : un banquet fête une nouveauté, des corporations se regroupent pour déjeuner, les ouvriers honorent leur saint patron. Mais les coutumes, ce sont aussi des voisins qui tirent une chaise dans la rue et se retrouvent après le repas du soir, pour discuter.

Pilote de l'Aéropostale,
Jean Mermoz entre à Air France.

De l'Aéropostale à Air France

Au-dessus de nos têtes, les exploits et les records se suivent et ne se ressemblent pas. De nouvelles lignes sont ouvertes, et la première liaison postale de nuit est mise en place entre Paris et Marseille grâce à l'aviateur Paul Codos qui, le 20 décembre 1932, réalise les 730 kilomètres de ce parcours en deux heures et cinquante minutes. En avril 1933, Maryse Hilsz relie Paris à Tokyo : elle parcourt 15 000 kilomètres en quinze jours aux commandes d'un avion de tourisme. Un mois plus tard, c'est Jean Mermoz qui effectue son deuxième vol expérimental avec passagers pour le compte de l'Aéropostale. La Lufthansa réussit quant à elle la liaison Brésil-Berlin en deux jours et vingt-trois heures.
Mais la grande nouvelle, le 30 août 1933, c'est la création, à l'initiative du gouvernement, de la compagnie aérienne internationale Air France. Cette création résulte d'une fusion des quatre grandes compagnies aériennes qui formaient la SCELA avant de prendre ce nom. Trois mois plus tôt, la SCELA avait racheté les actifs de la Compagnie générale aéropostale.

Fierté des Français, Air France regroupe toutes les lignes aériennes, ce qui représente alors un réseau de 38 000 kilomètres. La compagnie dispose de 219 avions, 5 amphibies et 35 hydravions. Jean Mermoz sera nommé chef-pilote de la ligne reliant l'Amérique, quatre ans après avoir établi la première liaison postale France-Amérique du Sud. Quant à Antoine de Saint-Exupéry, star de l'Aéropostale, il sera évincé d'Air France, qui lui confiera malgré tout quelques missions.

Avec la complicité des grands-parents

La question du logement fait partie du débat politique depuis 1910. Le logement des personnes à faible revenu, des familles nombreuses comme des personnes âgées, qui ne perçoivent que très rarement une retraite, pose problème. Aussi la promiscuité est-elle le lot de nombreux jeunes couples qui s'installent chez leurs parents. Quelques initiatives, comme les toutes

Avec grand-père,
on se repose deux minutes.

nouvelles cités-jardins, tentent de répondre à ces besoins.

Ainsi, comme beaucoup de parents, les miens vivent depuis leur mariage chez mes grands-parents paternels. Leur intimité est limitée à leur chambre, où les enfants naissent et vivent leurs premières années. Tous passent la majeure partie de leur temps dans la cuisine, qui est la seule pièce chauffée en hiver.

Bien sûr, c'est aussi là qu'on se nourrit : de lait maternel pour nous, l'allaitement restant la règle vu le peu de choix possibles dans les années trente. Plus tard, on combinera les tétées avec des bouillies données par la grand-mère, une sœur ou une servante. De nombreuses femmes emmènent leur bébé aux champs, dans une corbeille qu'elles surveillent du coin de l'œil.

Emmaillotés dans des pointes de coton blanc, nous ne bougeons pas dans nos langes. Sur la chemise en coton, on nous a glissé une brassière en laine tricotée et une grenouillère, blanche également. Grâce à un bonnet de coton, nous sommes assurés de ne pas attraper froid.

Quel bonheur
de jouer dans
la basse-cour !
On a chacun
nos usages…

Quelle chance de se promener en Chenard et Walter !

Et dès que nos jambes nous portent, on se fait houspiller par la grand-mère : « Reste pas dans mes jambes, tu vois bien que tu me gênes », répète-t-elle alors qu'elle s'affaire à la préparation du repas. Les plus grands ont déjà quelques tâches à accomplir : « Va ramasser les œufs… Et tu donneras du grain aux volailles en même temps… » Il faut aussi aller chercher un jambon au saloir, une motte de beurre rangée dans le garde-manger à la cave, rapporter de la paille pour allumer le feu…

En visite chez des amis, l'air est à la détente.

Parfois, en entendant la grand-mère rouspéter, le grand-père nous entraîne dans le jardin pour aller nourrir les lapins avec des fanes de carottes. Si par malheur on revient avec les pieds sales, elle râle de nouveau. Heureusement que le grand-père est là pour nous sauver de sa main leste…

Les lapins dans leur clapier.

Une chance de devenir riche.

Billet de loterie

En 1933, la Loterie nationale est créée. Elle est réglementée par la loi de finances. Les recettes doivent être reversées aux caisses de retraite des anciens combattants et à une caisse de solidarité contre les calamités agricoles.
Les billets sont imprimés par tranches de deux millions à l'imprimerie de la banque de France. Ils sont ensuite portés pour vérification au pavillon de Flore : plusieurs séries sont annulées et réimprimées. Le 2 novembre, les premiers billets de loterie sont enfin mis en vente. Ils partiront en deux jours. En attendant le premier tirage, programmé le 7 novembre, tous rêvent voyages, voitures, maisons… Dans les conversations, le sujet revient sans cesse. On finit enfin par connaître l'identité du premier vainqueur : un coiffeur de Tarascon, qui a empoché 5 millions de francs et jure qu'il ne changera rien à sa vie.
Les billets, émis et vendus par les services de l'État, coûtent 100 francs : ils ne sont pas accessibles à tout le monde. Les Gueules cassées, une association de victimes de la première guerre mondiale, a alors l'idée d'acheter des billets à l'État et de les fractionner en « dixièmes ». Elle revendra ensuite ces billets au public à un prix plus abordable. De 1931 à 1933, les Gueules cassées, associée aux Ailes brisées et à d'autres associations de victimes de la guerre (les Amputés de guerre, les Aveugles de guerre, les Mutilés des yeux, les Plus grands invalides…) n'avaient lancé que des souscriptions nationales. L'honorabilité de cette association lui permettra de décupler rapidement ses ventes.

1935-1937

Quelles **nouvelles ?**

Culottes courtes et chaussettes blanches, on sort.

Silence, radio !

D'habitude, notre père est très pressé de retourner à l'ouvrage. Mais ce jour-là, à notre grande surprise, une fois son café avalé, il reste assis à table. Notre mère fait la vaisselle, quand une voiture à chevaux se gare devant la maison. Notre père sort l'accueillir, et le visiteur

Chronologie

16 mars 1935
La crainte d'une nouvelle guerre se répand. En France, le service militaire passe de dix-huit à vingt-quatre mois, ce qui permet de doubler les effectifs.

Le 3 juin 1935
Le paquebot *Normandie* traverse l'Atlantique et conquiert le ruban bleu. Il a confirmé tous les espoirs qui avaient été placés en lui.

14 novembre 1935
En Allemagne, de nombreux décrets d'application de lois racistes entrent en vigueur. Hitler exclut les Juifs de la vie politique et sociale du pays en leur retirant leurs droits électoraux et en leur interdisant d'occuper des postes publics.

Mai 1936
La France est paralysée par les nombreuses grèves et occupations par les ouvriers de leur lieu de travail.

8 juin 1936
Le gouvernement de Léon Blum met en application plusieurs réformes très attendues : la semaine de travail passe à quarante heures, et les ouvriers ont droit à quinze jours de congés payés par an.

18 juillet 1936
En Espagne, la guerre civile éclate. Des militaires d'extrême droite déclenchent un coup d'État contre le gouvernement républicain de Madrid.

6 août 1936
Ouverture des Jeux olympiques de Berlin.

10 décembre 1936
Edouard VIII, roi d'Angleterre, abdique par amour : il souhaite épouser une femme divorcée, ce que sa position lui interdit.

4 mai 1937
À Paris, Albert Lebrun, président de la République, inaugure l'Exposition universelle dédiée aux Arts et techniques dans la vie moderne.

6 mai 1937
Le dirigeable *Zeppelin LZ 129 Hindenburg*, plus grand aéronef jamais construit, prend feu à New York après quatorze mois de service.

26 juillet 1937
Le Japon envahit la Chine et prend les villes de Shanghai, Pékin et Nankin.

Les succès de la TSF ont du succès.

lui montre, à l'arrière de la voiture, une grosse caisse en bois vernis. « Voilà, c'est ce que je vous apporte. Comme prévu, du bon matériel, et vous allez pouvoir choisir entre deux modèles. »

Ces drôles de coffres nous semblent bien lourds, et l'homme soupire après les avoir posés côte à côte sur la table de la cuisine. Nous écarquillons les yeux tandis que le grand-père, assis au coin de la cheminée, observe la scène sans dire un mot. Celui qui s'avère être un vendeur parle de poste TSF, d'ondes radio, d'antenne. Il compare les deux appareils et la puissance des haut-parleurs.

« Je mets en route », dit-il en tournant un bouton. D'un seul coup, la pièce se remplit de grésillements. Des voix se

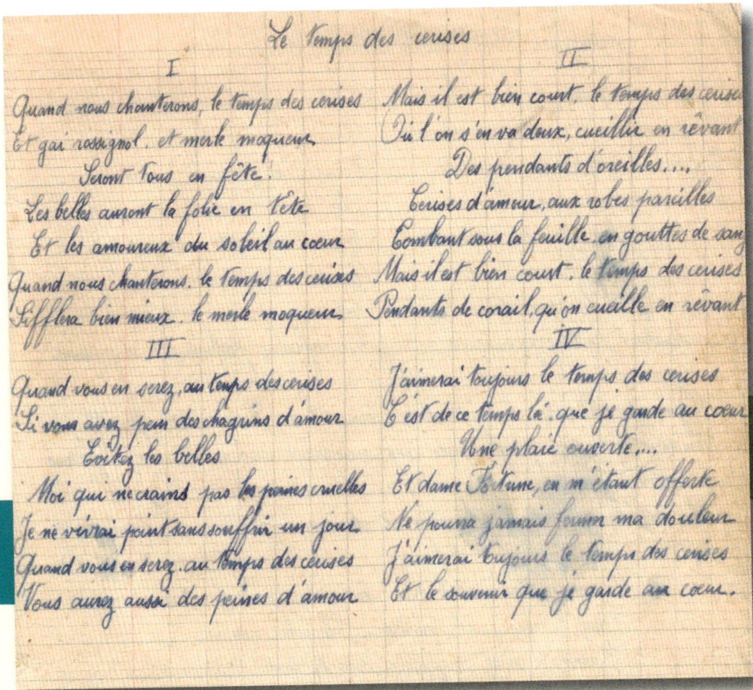
Le Temps des cerises

I

Quand nous chanterons, le temps des cerises
Et gai rossignol, et merle moqueur
Seront tous en fête.
Les belles auront la folie en tête
Et les amoureux du soleil au coeur
Quand nous chanterons. le temps des cerises
Sifflera bien mieux. le merle moqueur.

II

Mais il est bien court. le temps des cerises
Où l'on s'en va deux, cueillir en rêvant
Des pendants d'oreilles....
Cerises d'amour, aux robes pareilles
Tombant sous la feuille en gouttes de sang
Mais il est bien court. le temps des cerises
Pendants de corail, qu'on cueille en rêvant

III

Quand vous en serez, au temps des cerises
Si vous avez peur des chagrins d'amour
Evitez les belles
Moi qui ne crains pas les peines cruelles
Je ne vivrai point sans souffrir un jour
Quand vous en serez, au temps des cerises
Vous aurez aussi des peines d'amour

IV

J'aimerai toujours le temps des cerises
C'est de ce temps là, que je garde au coeur
Une plaie ouverte....
Et dame Fortune, en m'étant offerte
Ne pourra jamais fermer ma douleur
J'aimerai toujours le temps des cerises
Et le souvenir que je garde au coeur.

Chansons copiées, chansons apprises.

superposent, qui parlent de plus en plus fort. « Brunswick… Brunswick… C'est le fourreur… qui fait fureur ! » Intrigué, je fais le tour de la table pour regarder derrière cette boîte, persuadé d'y trouver quelqu'un. Mon grand-père me dit en riant : « Attention, ne t'approche pas, il va te cracher sur le nez ! »

Mon père, conquis, achète le plus gros poste : ce jour-là, la TSF entre chez nous. Un modernisme qui va changer nos soirées, puisqu'à compter de ce jour, tous les soirs en rentrant du travail, notre père réclamera le silence pour écouter les nouvelles du monde. La TSF propose alors quatre stations : Radio d'État, Radio 37, le Poste parisien et Radio cité.

Un poste de radio transistor.

Le cœur a ses raisons
que la raison ne connaît pas…

Comme un conte de fées, l'aventure du roi Édouard VIII et de Wallis Simpson fait rêver toutes les femmes. Et dès le 10 décembre 1936, date à laquelle la nouvelle se propage, les conversations vont bon train : « Édouard VIII, roi d'Angleterre, renonce au trône par amour ! » Chacun a son mot à dire sur Wallis Simpson-Warfield, mariée pour la deuxième fois, qui a divorcé en 1927... pour adultère !
Issue d'une famille ouvrière de Baltimore, aux États-Unis, elle passe pour une intrigante. Ils se sont rencontrés à une garden-party en 1930 : elle a trente-quatre ans, lui trente-six. À son propos, le roi déclare : « Je fis une importante découverte : que la relation entre un homme et une femme pouvait aussi être de nature intellectuelle. C'est ce qui fit que je tombai amoureux d'elle. »
Mais pour un roi, il convient de se marier avec une princesse. Ainsi, le 20 janvier 1936, lors de la proclamation de son accession au trône, lorsqu'il se présente à la foule aux côtés de madame Simpson, Édouard VIII déclenche un véritable scandale. L'idylle est dans tous les journaux et le suspense à son comble.
L'Église anglicane, dont le roi est le chef, n'acceptera jamais de célébrer son union avec une femme divorcée. À la stupéfaction générale, après 325 jours de règne, Édouard VIII abdique. Le lendemain, à la radio, il annonce à des auditeurs stupéfaits : « J'ai estimé impossible de porter le lourd fardeau de responsabilités et de remplir les devoirs qui m'incombent en tant que roi, sans l'aide et le secours de la femme que j'aime. » Six mois plus tard, Édouard épouse Wallis Simpson en France. Ils sont nommés duc et duchesse de Windsor, mais dans tous les foyers français, on se remet à parler du « prince et de la roturière ».

L'expo

Voilà que nos parents décident qu'on ira à Paris pour voir l'Exposition universelle. On se lève donc de bonne heure pour prendre le train. Arrivés dans la capitale, on dépose nos affaires à la consigne de la gare de l'Est pour être plus libres. Nos paquets contiennent déjà les sandwiches qu'on mangera le soir dans le train du retour.

Nous partons alors à pied à travers la ville, pour rejoindre la place de l'Étoile. On sait que l'exposition couvre tout un quartier de Paris, et que le palais de Chaillot a été construit pour l'occasion. Nous prenons place dans

Trois générations
sous le même toit.

un petit train électrique qui permet aux visiteurs de circuler dans l'Exposition. Tous les yeux sont rivés sur les sculptures monumentales qui surplombent le pavillon de l'Union soviétique et celui de l'Allemagne hitlérienne. Impressionnant, ce face-à-face de groupes d'hommes qui semblent prêts à s'affronter, de part et d'autre du pont d'Iéna…

L'Exposition universelle
de 1937 : les pavillons
allemand et soviétique
se font face.

Le train, c'est toute une expédition !

Pourtant, cette exposition a pour dessein de promouvoir la paix, même si toutes les conversations tournent autour d'une possible guerre. Le parc colonial, le parc d'attractions, les fontaines illuminées, et bien sûr la tour Eiffel, nous impressionnent beaucoup. On ne se lasse pas de regarder les véhicules électriques qui sillonnent le site. Mon père se renseigne : il en coûte 5 francs de prise en charge et 50 centimes la minute pour se déplacer à bord de ces voitures à trois places. « Trop cher pour nous », dit-il en nous emmenant vers la Seine. Nous y admirons les bateaux qui font la navette sur la fleuve, des hydroglisseurs tout récemment inventés. Un peu plus loin, dans le pavillon de la République espagnole, Picasso peint *Guernica*.

Le Normandie *fait rêver les Français...*

Le paquebot Normandie

Fierté des Français, le Normandie *est au centre de nombreuses conversations familiales : on commente longuement toutes les nouvelles qu'on reçoit du navire. Il faut dire qu'il s'agit du plus grand et plus rapide paquebot du monde : 313 mètres de long pour 36 mètres de large. Ce bateau de 83 102 tonneaux avance à une vitesse de 30 nœuds (55 kilomètres/heure).*
Il transporte jusqu'à 1 972 passagers et 1 347 hommes d'équipage.

Le 29 octobre 1932, il est officiellement lancé en présence du président de la République Albert Lebrun, sur les chantiers navals de Saint-Nazaire. Le 29 mai 1935, chacun s'enorgueillit lorsqu'à l'occasion de son voyage inaugural, le Normandie *conquiert le ruban bleu en traversant l'Atlantique. Il a rejoint New York depuis Le Havre en seulement quatre jours et trois heures.*

Vacances à la mer

Au mois de septembre 1937, nous recevons une lettre d'un copain de régiment de mon père, qui habite à Paris. Ma mère lit et relit cette lettre à qui veut l'entendre, et exhibe partout la carte postale du Touquet qui y est jointe. Incroyable, ils sont allés en vacances à la mer !

« Tu me croiras si tu veux, mais quand mon patron m'a dit "Tu ne reviens pas la semaine prochaine", j'ai cru que j'étais renvoyé. "Mais non, tu bénéficies des congés payés", m'a t-il répondu ! On nous a accompagnés à la gare de Lyon, il y avait de longues caravanes de travailleurs. Certains pleuraient de joie, d'autres chantaient, on entendait : "Vive la vie !" Le train était déjà en gare, on est arrivé de bonne heure pour se trouver une bonne place.

Des nouvelles de nos vacances.

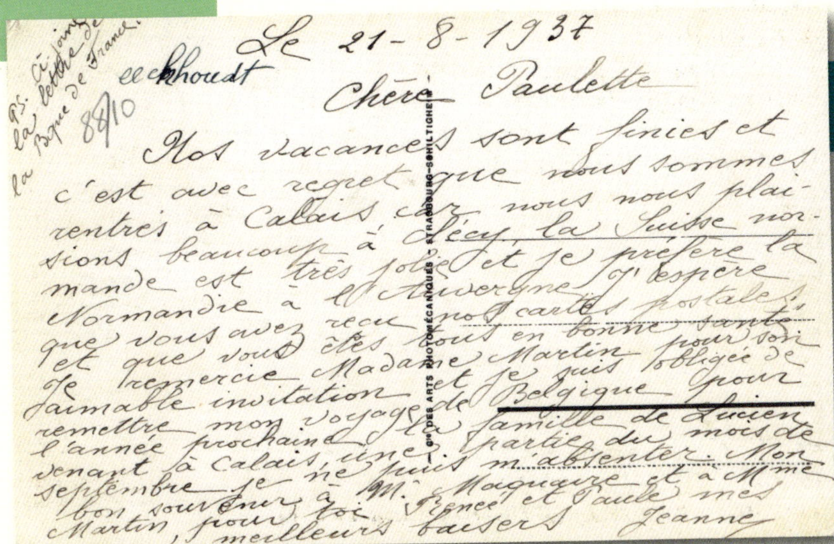

Le 21-8-1937

eechoudt

Chère Paulette

Nos vacances sont finies et c'est avec regret que nous sommes rentrés à Calais car nous nous plaisions beaucoup à Décy, la Suisse normande est très jolie et je préfère la Normandie à l'Auvergne. J'espère que vous avez reçu nos cartes postales, et que vous êtes tous en bonne santé. Je remercie Madame Martin pour son aimable invitation et je suis obligée de remettre mon voyage de Belgique pour l'année prochaine la famille de Lucien venant à Calais, une partie du mois de septembre je ne puis m'absenter. Mon bon souvenir à M. Maquaire et à Mme Martin, pour toi France et Paule mes meilleurs baisers

Jeanne

Ps. Ci-joint la lettre de la Bque de France.

88/10

Cie DES ARTS PHOTOMÉCANIQUES - STRASBOURG-SCHILTIGHE

À la mer !

Un comité d'accueil nous attendait, une trentaine de personnes armées de carrioles à bras s'occupaient des bagages. Il faut dire que la gare n'est pas à côté. Loin de moi l'idée de prendre un maillot de bain… J'ai pataugé, on était joyeux. Ce goût de salé nous a surpris. On ne pensait pas que l'eau de mer était aussi salée ! Il y avait plein de monde sur la plage… Nous nous sommes promenés dans les rues. On est heureux, c'est bien les vacances. » Et ma mère finit sa lecture en disant, les yeux dans le vague : « Ils en ont de la chance, ils ont des congés payés ! »

Le 26 avril 1936, le Front populaire remporte les élections législatives, portant au pouvoir le nouveau gouvernement Blum. De grandes manifestations contraignent le patronat à reconnaître les justes revendications ouvrières et amènent de nombreuses réformes sociales, signées lors des accords de Matignon.

Jesse Owens

Tous les soirs, on écoute à la radio des commentaires sur les Jeux olympiques de Berlin. C'est Hitler qui s'est chargé de l'inauguration : « Je déclare ouverts les jeux de Berlin en célébration de la XIe olympiade des temps modernes. » Le défilé des différentes équipes est rapporté en détail, et l'on précise surtout quel salut chaque équipe a adressé à la tribune, hitlérien ou non. Celui-ci nourrit de nombreuses controverses.

On attend avec impatience le résultat des épreuves. Les Français sont à l'honneur en cyclisme et en boxe, ce qui amène un peu d'orgueil dans les foyers. Les Américains se couvrent de gloire, et les journalistes ne tarissent pas d'explications et de précisions sur ce sujet qui étonne tout le monde.

Pendant l'épreuve du saut en longueur, Jesse Owens réalise un exploit avec un bond de 8,06 mètres, devant l'Allemand Luz Long. C'est une déconvenue pour Hitler, qui quitte la tribune officielle avec tout son état-major, sans doute pour ne pas avoir à serrer la main d'un homme de couleur. Véritable roi de ces Jeux olympiques, Jesse Owens y remporte quatre médailles d'or. Il améliore le record olympique en terminant vainqueur de la finale du 200 mètres en 20,7 secondes, il gagne le relais 4 fois 100 mètres avec l'équipe américaine et décroche un nouveau record mondial, et il arrive en tête du 100 mètres. La presse le surnommera « la panthère noire », pour sa rapidité et pour l'élégance de ses mouvements.

« La panthère noire » gagne quatre médailles aux Jeux olympiques.

Sur un marché, un « raccommodeur » de porcelaine.

Une journée au marché

Le samedi, on va au marché à la ville voisine, située à douze kilomètres. On monte dans notre voiture à boucher, une carriole toute simple avec des roues en bois et sans capote. C'est au pas de notre cheval ardennais que se fait le déplacement. Les parents s'installent devant, et nous, les enfants, en sens inverse, sur un banc situé à l'arrière et calé au fond du plateau. Pour l'occasion, notre mère enlève l'éternel tablier qu'elle porte toujours au-dessus de ses vêtements pour ne pas se salir, et se coiffe d'un chapeau.

Une fois arrivés, on va directement chez nos cousins, d'autres installent leur équipage dans la cour d'un hôtel qui propose ce service. Le père attache le cheval, qui restera là toute la journée, et lui donne de l'eau, du foin et de l'avoine qu'il a emportés.

Au marché, on vient chercher ce qu'on ne trouve pas au quotidien. Toutes sortes de commerçants arrangent leur étalage et vantent leurs marchandises : bazar, remèdes, vaisselle, tissus, linge, lots divers…

On fait le tour de la halle en bois. Les parents s'arrêtent pour discuter : on se demande des nouvelles de la famille et du travail, puis on repart en se disant à bientôt. On emprunte chaque semaine les mêmes allées, pour repé-

Le cheval est prêt à être attelé : c'est jour de marché.

rer les prix, puis s'installer dans une queue et commencer ses achats. En attendant, on échange quelques propos sur la qualité des marchandises, les affaires à faire, les nouveautés, ou l'amabilité de tel ou tel marchand. On passe devant le poissonnier, qui vante ses arrivées toutes fraîches tandis qu'il vide ou écaille un poisson. Selon les besoins, nous achetons des chaussures, des vêtements, nous regardons la vaisselle. Cette escapade nous prend toute l'après-midi : on revient à la maison avec des nouvelles et des nouveautés qui nous ont enchantés.

La fin des dirigeables

Le 6 mai 1937, à l'aéroport de Lakehurst dans le New Jersey, en plein orage et alors que le dirigeable allemand Hindenburg *s'approche de son mât d'amarrage, l'hydrogène prend feu. Le dirigeable explose à 90 mètres d'altitude, et s'écrase au moment de son atterrissage. 36 personnes trouvent la mort dans ce terrible accident, 61 survivront.*
À l'époque, on utilise ce moyen de transport depuis déjà plusieurs années. Avant le Hindenburg, *le* Graf Zeppelin *traversait l'Atlantique en deux jours et demi, soit deux fois plus vite qu'en bateau. À la fin de l'année 1935, il a effectué 194 traversées et transporté 28 000 passagers.*
Depuis 1936, le Hindenburg *assure des vols transatlantiques réguliers. Long de 245 mètres, il fait partie d'une nouvelle génération de dirigeables. Il rivalise de confort avec les paquebots : il dispose d'un salon fumeur, d'un pont-promenade d'où les passagers peuvent admirer la mer, d'un bar, de plusieurs salles à manger où est servie une excellente cuisine, et d'un salon où un pianiste joue toute la journée. Les passagers profitent ainsi d'une agréable traversée, « libre des mouvements dérangeants du vaisseau, du roulis et du tangage », comme le vante la publicité.*
Une semaine après l'accident, l'Allemagne interdit tous les vols de dirigeables remplis d'hydrogène. Les voyageurs se tournent alors vers les hydravions à coque, qui proposent dès 1937 des voyages transatlantiques. Ces voyages plus sûrs permettent de franchir l'Atlantique en dix-sept heures.

Le temps des peurs

1938-1942

Sur le chemin de l'école.

Première rentrée

À l'école communale, il y a un seul instituteur pour une seule classe de quarante-cinq enfants. Elle réunit le cours préparatoire, les cours élémentaires de première et de deuxième année, les cours moyens de première et de deuxième année et le cours supérieur, qui prépare au certificat d'études. Pour nous, les petits de six ans qui entrent à l'école pour la première fois, les mères ont abandonné exceptionnellement leurs occupations et font le déplacement. Cette

Chronologie

4 février 1938
Hitler informe les membres de son gouvernement qu'il prend personnellement la direction de l'armée.

21 avril 1938
Sortie du premier numéro du *Journal de Spirou*, imprimé sur les rotatives des éditions Dupuis en Belgique.

18 mai 1938
Dans *Quai des brumes*, un film de Marcel Carné, Jean Gabin joue un déserteur amoureux d'une orpheline, Michèle Morgan.

17 janvier 1939
En Allemagne, les dentistes et vétérinaires juifs n'ont plus le droit d'exercer leur métier.

28 mars 1939
Peugeot, qui produisait déjà la 402, sort la Peugeot 202 : 4 portes, décapotable, 4 places, 23 400 francs.

Le 3 septembre 1939
La France et la Grande-Bretagne déclarent la guerre à l'Allemagne. Les troupes françaises pénètrent en Sarre.

7 juin 1940
Après les offensives menées par 138 divisions allemandes sur Paris, Rouen et Dijon, la panique se répand et les Français partent en exode, direction le sud.

18 juin 1940
Tandis que le maréchal Pétain appelle à la collaboration, la Résistance s'organise depuis Londres, grâce à l'appel lancé par le général de Gaulle.

1941
Le Parti communiste français crée les Francs tireurs et partisans français, ainsi que le Front national de l'indépendance de la France.

28 février 1941
Les rations de pain sont réduites de 20 % dans la zone libre.

28 mai 1942
Par obligation de l'administration allemande en France, les Juifs âgés de plus de six ans doivent désormais porter une étoile jaune.

16 juillet 1942
La police française rassemble 13 000 Juifs au vélodrome d'Hiver après une rafle gigantesque à Paris.

Tout peut devenir un jeu.

journée de rentrée scolaire commencera avec les inscriptions.

Pour tous les autres enfants du village, ce sont cris, retrouvailles et poignées de main dans la cour d'école. Aussitôt, les jeux des garçons s'organisent autour d'un ballon, avec deux pulls posés à quelques mètres de distance pour marquer les buts. Quant aux filles, elles forment des rondes et entament leurs chansons.

Les petits, que leur mère tient par la main, sont sommés de rester tranquilles en attendant la fin des formalités. Une à une, les femmes quittent l'école après avoir fait leurs dernières recommandations : « Sois bien sage », « Écoute le maître », « Ne te salis pas ». On se fait des copains pendant qu'un camarade, reniflant, s'isole contre un arbre en observant les jeux des grands. D'autres errent dans la cour…

Puis le maître, posté devant la porte de la classe, tape dans ses mains sans dire un mot. À ce signal les jeux s'arrêtent, et le flot des enfants se dirige vers lui pour se ranger deux par deux.

Nous, les petits, on suit le mouvement. Quand enfin le calme règne, le maître entre dans l'école en nous indiquant la place à laquelle nous devons nous asseoir. Les discussions reprennent, l'instituteur réclame le silence... Sur chaque pupitre ciré, un cahier marqué d'un nom et d'un prénom attend son petit propriétaire.

Cartes d'alimentation, tampons et coupons : des biens précieux jusqu'en 1949.

Rationnement et cartes d'alimentation

Dès mars 1940, il faut se rendre à la mairie pour obtenir une carte d'alimentation. Dans les familles, chacun a la sienne. Elles sont nécessaires pour acheter du pain, du charbon, du sucre, du café, des pâtes, du saindoux, des chaussures... À chaque achat, avant le paiement, le commerçant y découpe les coupons correspondants. Ainsi, on ne peut pas acheter autant de pain qu'on veut au boulanger ambulant, qui passe avec sa camionnette et roule au gazogène. Il prend nos tickets, puis découpe dans une grosse miche ronde la part à laquelle nous avons droit. Il pèse ensuite le morceau sur sa balance Roberval, puis ajuste le morceau selon le poids. On trouve du lait et du beurre dans les fermes voisines, et ceux qui cultivent un bout de jardin ou élèvent quelques lapins sont jalousés.

Marius raconte ses voyages, les enfants se mettent en scène.

Du théâtre à l'école

L'arrivée d'un nouvel instituteur apporte son lot de nouveautés et de changements. C'est à la rentrée des vacances de la Toussaint que le maître nous annonce : « Cette année, les enfants, nous allons faire du théâtre : nous allons jouer *Marius* de Marcel Pagnol. » Un ouvrage est distribué à chaque élève. Après avoir entièrement lu le livre, nous apprenons des passages par cœur pour les réciter sur l'estrade, face à la classe. Chacun s'y essaie avec plus ou moins de succès.

Avant les vacances de Noël, le maître nous explique que nous donnerons une représentation en mai, dans une remise prêtée par le maire. Il distribue les rôles aux enfants, qui doivent tous participer – qui en tant qu'acteur, qui comme figurant, narrateur, souffleur, accessoiriste, ou encore présentateur. Nous enchaînons les répétitions : même pendant la récréation, il n'est plus question que de Marius, César, monsieur Brun, Fanny et Escartefigue ! Chacun prend l'accent marseillais, parle fort… et tente de garder son sérieux.

Quand enfin arrive le grand jour, la remise a l'air d'une vraie salle de théâtre, avec une scène digne de ce nom ! Derrière les décors, on n'en mène pas large. Le maître, sérieux et confiant, nous rassure. Les trois coups résonnent, les familles tout endimanchées se taisent.

Puis l'assemblée rit et applaudit. Notre pièce est une réussite. Tandis que la benjamine de la classe passe dans les rangs avec une corbeille, notre maître explique à l'assistance que cette représentation n'est qu'une première, et qu'elle permettra de financer un voyage scolaire.

Le travail des femmes

Depuis le début de la guerre, de nombreux hommes ayant été faits prisonniers ou enrôlés dans les STO, les femmes et les hommes pas encore ou plus en âge d'être mobilisés assument seuls la charge de travail. Dans les champs, les femmes font les labours à la place de leur mari. L'une d'elles remplace son homme au ramassage du lait : chaque jour, elle fait la tournée en camion et porte des bidons de vingt litres. De même, ce n'est plus le coutelier qui repasse les couteaux, les ciseaux et les peignes à tondeuse pour les moutons, mais sa femme. Ses clients sont devenus des clientes, qui au passage lui demandent des nouvelles de son époux : chacune compatit aux soucis de l'autre.

La fête au village

Au mois de juin, à l'occasion de la fête patronale, les maisons s'animent d'une rare gaieté. La fête rassemble des habitants de plusieurs contrées, et le labeur cède la place à des retrouvailles en famille. Nous recevons pour l'occasion une tante, un oncle et

La famille se réunit.

Joie de la fête foraine, soif de lots à gagner.

des cousines, qui ont fait le voyage en charrette attelée. Dans la cuisine, notre mère s'affaire autour du fourneau pour préparer volaille et viande de boucherie, ce qui nous change de la soupe au lard qu'on nous sert tous les midis, toute l'année. Le repas se termine par un dessert traditionnel, une tarte ou un gâteau léger préparé avec de la fécule.

L'après-midi, les enfants s'échappent pour aller s'amuser sur la place du village. Les garçons font claquer des pétards à amorce, les cerfs-volants tourbillonnent, les fillettes, enivrées par les balançoires qui prennent de la vitesse et de la hauteur, se mettent à crier. Les garçons un peu plus âgés se regroupent devant la baraque de tir pour confronter leur adresse.

Puis les adultes se dirigent vers les flonflons du bal qui s'annonce. Ils s'installent à des tables et bavardent ensemble. Les familles viennent se saluer et échanger quelques mots sur le travail, la guerre proche, le mariage du fils qu'on doit avancer à cause des événements… Les hommes s'enflamment en parlant du gouvernement, tandis que les femmes, circonspectes, racontent le départ de certains habitants.

Jean Moulin et l'unification de la Résistance

En 1939, Jean Moulin est nommé préfet d'Eure-et-Loir à Chartres. En mai 1940, il cherche à organiser l'accueil des nombreux Français venus se réfugier suite à la percée du front de la Somme et de l'Aisne. Mais en juin 1940, les Allemands bombardent la ville et cherchent à faire porter la responsabilité d'atrocités qu'ils ont eux-mêmes commises sur des civils, à une troupe de tirailleurs sénégalais. Refusant d'être complice des Allemands, Jean Moulin est maltraité et enfermé. Il tente de se trancher la gorge avec un débris de verre ; il gardera de cette tentative de suicide une cicatrice qu'il cachera avec son écharpe.
Il sera révoqué dès novembre 1940 par le gouvernement de Vichy. Il prend alors contact avec des résistants œuvrant en zone libre, où il vit. Il a deux buts : se rendre compte de l'ampleur de la Résistance française, et partir pour Londres afin d'y engager des pourparlers. En septembre 1941, il est reçu par le général de Gaulle à Londres. Il lui fait un compte-rendu de l'état de la Résistance en France et de ses besoins, notamment en argent et en armes. Le général de Gaulle le nomme délégué du Comité national, et le charge d'unifier les mouvements de résistance ainsi que leurs différents services (propagande, renseignements, sabotage, entraide) sur le territoire français. Il est parachuté dans les Alpilles dans la nuit du 1er janvier 1942. Il regroupe les effectifs paramilitaires des différents mouvements dans l'Armée secrète (AS) et réorganise plusieurs services.
Le 27 novembre 1942 est créé le Comité de coordination de zone sud, qui vise à coordonner les trois mouvements principaux de résistance en zone libre (Combat, Libération-Sud et Franc-Tireur). Ce comité transmettra les instructions du Comité national français de Londres aux différents mouvements.

Mobilisation

« La guerre, c'est la guerre... La guerre arrive... » On n'entend plus que ça dans les rues, chez le boulanger, à la radio... Puis, l'avis de mobilisation est placardé à la mairie. Il y a toujours quelqu'un pour lire et commenter l'affiche, énumérant les classes mobilisées et les noms des personnes du voisinage qui vont bientôt partir.

C'est le jour du départ. Les familles accompagnent à la gare les pères mobilisés. Le quai est envahi de monde, de gens que l'on connaît de près ou de loin – mais on reste entre soi, sans rien dire. Lorsque le train arrive, une femme se met à pleurer et ses enfants l'imitent. Chaque membre de la

Guerre, privations et copains de régiment.

famille embrasse celui qui part et le serre contre sa poitrine. Le futur soldat dit un mot pour contenir son émotion : « Sois sage avec maman. »

Puis les hommes montent tour à tour dans les wagons et se fraient un chemin jusqu'aux fenêtres baissées. Le silence s'installe, puis le train se met à siffler et part en cahotant, prend de la vitesse et disparaît. Chacun prend le chemin du retour, tête baissée, absorbé dans ses pensées. Dès lors, nos jours seront rythmés par le passage, très attendu, du facteur. Enfin arrivent les premières nouvelles : ma mère, fébrile, ouvre la lettre et la lit silencieusement. Puis elle dit : « Il va bien, il est à côté de Luxeuil, dans l'infanterie, ils l'ont mis infirmier. » La grand-mère commente : « Infirmier ? Mais il ne connaît rien à la médecine ! » Et tout le monde se met à rire.

Lors d'une permission, il nous donnera un peu plus de détails sur ce qu'il fait : il nettoie des plaies, fait des bandages, aide le médecin, un lieutenant. Il s'est fait un copain, un Parisien, infirmier comme lui. Mécanicien, il n'en connaît pas plus que lui dans ce domaine, alors ils font ce qu'ils peuvent.

De Gaulle organise la Résistance

Après avoir réussi plusieurs missions, en mai 1940, autour de Laon et dans la Somme, le général de Gaulle est nommé, le 6 juin 1940, sous-secrétaire d'État à la Guerre et à la Défense nationale. Il a alors pour mission de coordonner l'action avec le Royaume-Uni dans le cadre de la poursuite du combat.

Mais le 18 juin 1940, il refuse l'armistice que le maréchal Pétain vient de demander à l'ennemi nazi. Soutenu par Winston Churchill, qui souhaite que la France continue la guerre, il lance son appel à la Résistance sur la BBC, acte fondateur de la France libre : « Quoi qu'il arrive, la flamme de la Résistance française ne doit pas s'éteindre et ne s'éteindra pas. »

Cet appel est rapporté par plusieurs organes de presse français, comme Le Progrès *et* Le Petit Marseillais, *tandis que dans* Le Matin, *on peut lire : « Le ministère de l'Intérieur communique que le général de Gaulle ne fait plus partie du gouvernement. Il a été rappelé de Londres à Paris et ses déclarations dans la capitale britannique doivent être considérées comme nulles et non avenues. »*

Dès lors, le général de Gaulle organise la Résistance depuis la Grande-Bretagne et œuvre à la reconnaissance de la France libre. Il est condamné en France, par contumace, d'abord à une rétrogradation militaire, à quatre ans de prison et à la déchéance de la nationalité française ; puis à la mort, à la dégradation militaire et à la confiscation de ses biens meubles et immeubles. Dès 1941, il obtient le ralliement de la Résistance intérieure, grâce au colonel Passy, à Pierre Brossolette et à Jean Moulin. Le 13 juillet 1942, la France libre devient la France combattante, intégrant ainsi la Résistance intérieure.

De Gaulle en 1940 à Londres.

Un camp de réfugiés à Melun.

L'exode

En mai 1940, on a peur : il faut partir, les Allemands arrivent. Dans l'affolement, les unes après les autres, les maisons se vident. Tout le monde charge sa carriole avec ce qu'il peut, de la nourriture surtout. Notre père décide que nous partirons nous aussi.

On se met donc en route pour suivre le long convoi de voitures attelées et de gens à pied qui marchent en direction du sud. Avant la première nuit, nos parents bifurquent vers un village dont nous apercevons le clocher au loin. Tout est désert, les maisons sont abandonnées. Il nous faut trouver un endroit pour la nuit. Nous choisissons une belle maison, dont nous faisons le tour jusqu'à ce que mon père pose la valise sur un lit : « Nous restons là pour ce soir. »

Dès le lendemain, nous reprenons le chemin vers la grand-route, et tous les soirs nous chercherons un nouvel endroit pour dormir – une grange ou un fossé quand il n'y a rien alentour. Chaque fois qu'un avion apparaît, on a peur et on court se cacher ; puis on soupire quand il passe sans nous mitrailler.

Nous faisons un bout de chemin avec une femme qui voyage seule avec sa fille. Elle raconte le début de son épopée, une nuit entière dans un wagon à bestiaux, dans le noir complet, avec les enfants qui pleurent et le train qui avance, ralentit, s'arrête puis redémarre… pour arriver au matin on ne sait où, et continuer en suivant le flot de personnes qui avance.

Un jour, on entend des moteurs à l'arrière du convoi, et des cris : « Poussez-vous, poussez-vous ! » On se retourne pour voir les Allemands nous dépasser. La foule se met à murmurer : « Ils sont devant, il faut rentrer chez nous. » Une à une, les voitures font demi-tour et nous repartons dans l'autre sens. Ce voyage aura duré deux semaines, durant lesquelles nous aurons parcouru 300 kilomètres.

Le Journal de Spirou

Le 21 avril 1938, un nouvel hebdomadaire arrive dans les kiosques : Le Journal de Spirou. *S'adressant à la jeunesse franco-belge, de format classique, moitié en couleurs, moitié en noir et blanc, il est édité par Jean Dupuis. Il publie les aventures en bandes dessinées d'un jeune garçon, Spirou, groom au Moustic Hôtel, imaginé par Rob-Vel (Robert Velter), un dessinateur parisien déjà renommé. Au fil du temps et des histoires, ce personnage emblématique gardera l'uniforme rouge de son aventure à bord du paquebot* Île-de-France.
On y trouve d'autres séries signées Rob-Vel, comme Bibor et Tribar ou les gags de Babouche, tandis que Davine crée les aventures de Zizette. La bande dessinée américaine n'est pas en reste, avec le policier Dick Tracy et Tex le cow-boy.
Des romans à suivre, des jeux ainsi que des rubriques philatéliques et sportives complètent le journal.
Même si une partie des rédacteurs est appelée sous les drapeaux, le journal continue de paraître durant presque toute la guerre, le nombre de pages et le format étant réduits pour faire face aux pénuries de papier. Les parties rédactionnelles cèdent peu à peu la place aux bandes dessinées, qui couvrent de 50 à 70 % du journal selon les périodes. De nouvelles séries voient le jour, comme « La Vallée du diable », « Le Péril vert » et « Bob l'aviateur », et « Bill l'albatros » est remplacé par « Les Conquérants du ciel ».
Lancé dès le mois d'août 1938, le club des ADS (Amis de Spirou) est animé par Jean Doisy. Il comptera 6 000 membres en novembre 1940, et 19 000 à la fin de l'année 1942.

Le jardin, c'est à manger dans nos assiettes.

La maison occupée

En arrivant dans le village, les Allemands commencent par faire le tour des maisons. On entend leurs bottes claquer, des portes s'ouvrir violemment, des explications dans un mélange de français et d'allemand sur un ton qui n'admet pas de réplique. Ce jour-là, ils cherchent des armes à feu. « On a tout déposé à la mairie quand les armes ont été réquisitionnées. » Notre mère affirme qu'il n'y a rien d'autre.

La Kommandantur s'installe alors dans le pavillon indépendant d'une belle et grande propriété. Chaque soir, au moment du couvre-feu, il nous faudra calfeutrer nos fenêtres avec des couvertures pour empêcher les avions de prendre nos lumières pour points de repère.

Le déroulement de nos journées n'a pas beaucoup changé. Nous continuons d'aller à l'école et, après un goûter rapidement avalé, nous courons accomplir les tâches qui nous ont été confiées : nettoyer la gamelle du chien, aider à rentrer les vaches, donner à manger et à boire aux chevaux...

Alors qu'on se croit en sécurité, un officier allemand pénètre un jour chez nous. Sans autre formalité, il fait rapidement le tour des pièces, vocifère quelques ordres, et les deux soldats qui l'accompagnent se mettent à vider ma chambre. Il s'installe chez nous avec son majordome. La première nuit est difficile : ma mère est trop angoissée pour dormir. Chaque jour, l'officier prend ses repas dans notre salle à manger, préparés par son ordonnance. Chaque jour, il nous invite à nous joindre à lui, et chaque jour ma mère refuse poliment mais sèchement. Moi, j'aurais bien mangé avec lui : la viande sent si bon et les desserts me mettent l'eau à la bouche... Mais non ! Je me contente, à la cuisine, de pommes de terre au saindoux, mastiquées face à mes parents soucieux et silencieux.

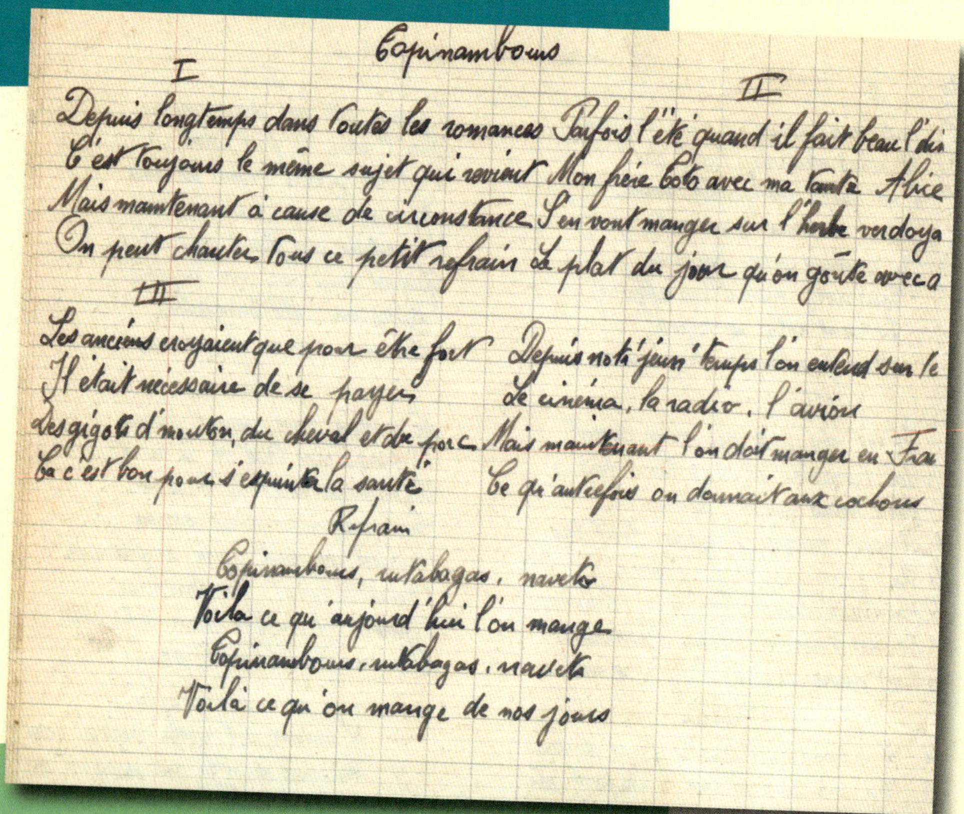

Topinambours

I

Depuis longtemps dans toutes les romances
C'est toujours le même sujet qui revient
Mais maintenant à cause de circonstance
On peut chanter tous ce petit refrain

II

Parfois l'été quand il fait beau l'di
Mon frère Coco avec ma tante Alice
S'en vont manger sur l'herbe verdoya
Le plat du jour qu'on goûte avec a

III

Les anciens croyaient que pour être fort
Il était nécessaire de se payer
Des gigots d'mouton, du cheval et de porc
Ça c'est bon pour s'esquinter la santé

Depuis not' jeun' temps l'on entend sur le
Le cinéma, la radio, l'avion
Mais maintenant l'on doit manger en Fra
Ce qu'autrefois on donnait aux cochons

Refrain

Topinambours, rutabagas, navets
Voilà ce qu'aujourd'hui l'on mange
Topinambours, rutabagas, navets
Voilà ce qu'on mange de nos jours

« Topinambours, rutabagas, navets... », comme dit la chanson.

Affiche du film Le Quai des brumes.

Le réalisme au cinéma

Année d'or de l'industrie cinématographique française, 1938 voit sortir 122 films sur les écrans. 6 millions de Français vont au cinéma au moins une fois par semaine. Près de 4 250 salles sont équipées pour le cinéma parlant, dont 300 à Paris. On va voir La Femme du boulanger, *de Marcel Pagnol, avec Raimu ; ou* La Bête humaine, *de Jean Renoir.*

La mode est au réalisme – conséquence, sans doute, du Front populaire. Les films décrivent fréquemment les ouvriers et leurs conditions de vie difficiles, et l'action se situe dans la rue. On préférera une rue populaire, reconstituée en studio, pittoresque et sordide, avec des flaques d'eau et des pavés humides qui reflètent les lumières glauques de la ville. Dans les hôtels et les cafés qui la longent, se croisent des marginaux (mauvais garçons, déserteurs, prostituées), en situation d'échec et en proie au mal de vivre.

Jacques Prévert et Marcel Carné, dialoguistes et scénaristes, marquent ce cinéma de plusieurs répliques inoubliables, comme « T'as de beaux yeux, tu sais ? » dans Le Quai des brumes *(Jean Gabin à Michèle Morgan), ou « Atmosphère, atmosphère… Est-ce que j'ai une gueule d'atmosphère ? » dans* Hôtel du Nord *(Arletty).*

En 1939, une longue grève frappe le cinéma français, en partie à cause de la rude concurrence représentée par la production étrangère. L'idée est alors lancée d'un grand festival cinématographique, prévu pour le 1er septembre à Cannes. 2 000 invitations sont lancées, et Louis Lumière accepte de présider la première édition. Mais l'entrée des troupes allemandes en Pologne, le jour même de son ouverture officielle, mettra prématurément fin à la fête.

1943-1946

« Plus jamais ça »

Le travail nous réunit.

La vie continue !

Un jour, une voisine en larmes explique à ma mère que son mari vient d'être arrêté. La Gestapo est venue le chercher à six heures du matin. Lorsqu'elle est allée se renseigner à la prison, un « sale Boche » lui a répondu : « Votre mari est un résistant, un de ses amis avait sur lui une liste où figurait son nom. » Ils sont plusieurs à avoir été arrêtés ce jour-là, pour être enfermés dans la prison de la ville voisine. Cette voisine a déjà perdu un mari dans la

Chronologie

16 février 1943
Pour fournir de la main-d'œuvre aux usines du Reich, le gouvernement de Vichy instaure le Service du travail obligatoire (STO). Les jeunes des classes 40, 41 et 42 seront réquisitionnés pour deux ans.

30 mai 1943
Joseph Kessel et son neveu Maurice Druon écrivent *Le Chant des partisans.*

21 juin 1943
Jean Moulin, président du Conseil national de la Résistance, est arrêté.

1er février 1944
Le général de Gaulle rassemble toutes les forces de la Résistance sous le nom de FFI, Forces françaises de l'intérieur.

6 juin 1944
Les Alliés débarquent en Normandie : les Américains près de Carentan, les Anglais et les Canadiens près d'Arromanches.

10 juin 1944
Un détachement de l'armée allemande entre dans le village d'Oradour-sur-Glane et massacre 642 habitants.

25 août 1944
Paris est libérée. Le général de Gaulle s'installe au ministère de la Guerre en tant que chef du gouvernement provisoire de la République française.

27 janvier 1945
Les troupes soviétiques libèrent le camp de concentration d'Auschwitz.

26 avril 1945
En France, pour la première fois, les femmes se rendent aux urnes.

30 avril 1945
Hitler se suicide dans son bunker souterrain à Berlin.

13 août 1945
Le congrès sioniste adresse au gouvernement britannique un plan pour la création d'un État israélien.

18 janvier 1946
L'assemblée vote la création de l'organisme national EDF, électricité de France.

18 avril 1946
L'assemblée de la Société des nations se dissout : elle transmet ses charges et devoirs à l'ONU (Organisation des nations unies).

Faits prisonniers par les Allemands, ils travaillent dans des fermes en Allemagne.

première guerre, et la voilà de nouveau seule dans l'adversité.

Nous savons tous, sans avoir de détails, que les résistants œuvrent à la libération du pays, que les Allemands sont sur la brèche, qu'il y a des arrestations... On traque les émetteurs clandestins pendant qu'au nord de Paris, le camp de Drancy, antichambre de la déportation, vient d'être inauguré.

La voisine se rend plusieurs fois à la prison sans succès, et ne sait trop que faire des rumeurs selon lesquelles des trains à bestiaux emmènent en Allemagne les prisonniers qui partent de Paris, tandis que ceux qui partent de Compiègne « ont une chance ». Elle finira par apprendre que son mari est à Compiègne.

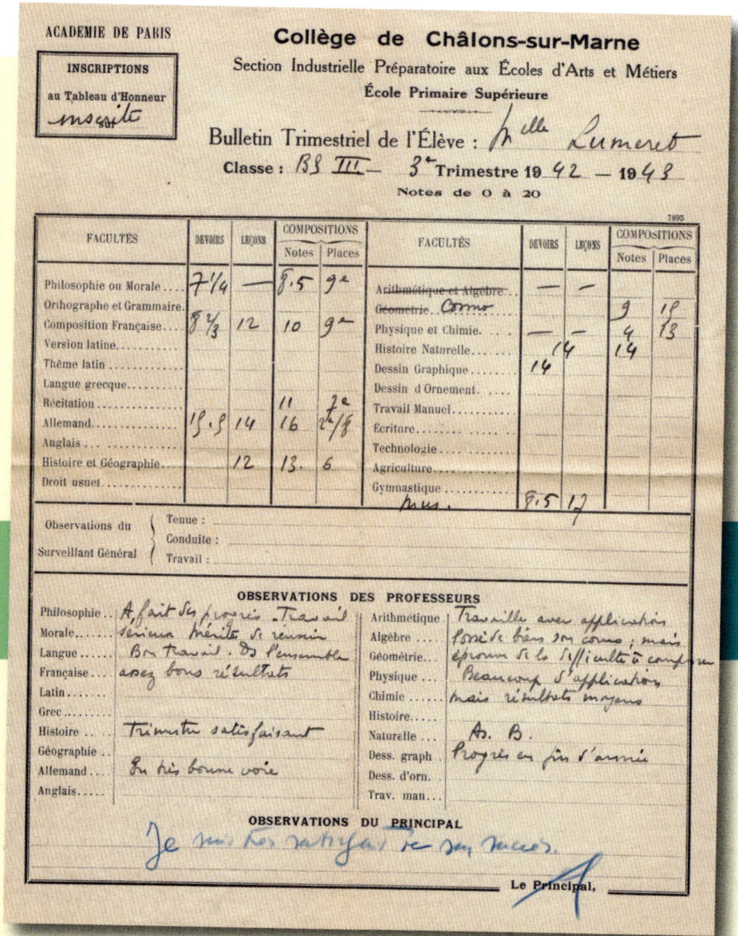

ACADEMIE DE PARIS

INSCRIPTIONS au Tableau d'Honneur : inscrite

Collège de Châlons-sur-Marne

Section Industrielle Préparatoire aux Écoles d'Arts et Métiers

École Primaire Supérieure

Bulletin Trimestriel de l'Élève : Mlle Lumeret

Classe : BS III – 3e Trimestre 1942 – 1943

Notes de 0 à 20

FACULTÉS	DEVOIRS	LEÇONS	COMPOSITIONS Notes	COMPOSITIONS Places	FACULTÉS	DEVOIRS	LEÇONS	COMPOSITIONS Notes	COMPOSITIONS Places
Philosophie ou Morale	7¼	—	8.5	9e	~~Arithmétique et Algèbre~~	—	—		
Orthographe et Grammaire					Géométrie. Cosmo			9	18
Composition Française	8⅔	12	10	9e	Physique et Chimie	—	—	4	13
Version latine					Histoire Naturelle		14	14	
Thème latin					Dessin Graphique	14			
Langue grecque					Dessin d'Ornement				
Récitation			11	7e	Travail Manuel				
Allemand	13.5	14	16	2e/8	Écriture				
Anglais					Technologie				
Histoire et Géographie		12	13.	6	Agriculture				
Droit usuel					Gymnastique mus.	8.5	17		

Observations du Surveillant Général : Tenue : Conduite : Travail :

OBSERVATIONS DES PROFESSEURS

Philosophie, Morale : A fait des progrès. Travail sérieux mérite de réussir.

Langue Française : Bon travail. De l'ensemble assez bons résultats

Latin, Grec :

Histoire, Géographie : Trimestre satisfaisant

Allemand : En très bonne voie

Anglais :

Arithmétique, Algèbre, Géométrie : Travaille avec application. Possède bien son cours ; mais éprouve de la difficulté à comprendre

Physique, Chimie : Beaucoup d'application mais résultats moyens

Histoire Naturelle : A. B.

Dess. graph. : Progrès en fin d'année

Dess. d'orn. :

Trav. man. :

OBSERVATIONS DU PRINCIPAL

Je suis très satisfait de ses succès.

Le Principal,

Un bulletin trimestriel envié, celui d'une bonne élève.

Devoirs en étude

À l'école, le plus difficile, c'est l'orthographe : on s'arrache les cheveux sur la dictée. Quand le maître rend les copies et dit « Gilles, vingt fautes ! », on est de tout cœur avec celui qui va se faire tirer les cheveux autant de fois qu'il a fait de fautes : « Ouille, ouille, ouille ! » En rentrant à la maison, on se demande ce qu'on va encore prendre, et on se dit que ce soir, il va se jouer du fouet. Le lendemain, sur le chemin de l'école ou dans la cour, les copains s'enquièrent des punitions infligées par le père de chacun.

C'est que nos pères, ils veulent du résultat. Eux ont quitté l'école à neuf ans ; à nous, il en reste trois jusqu'au certificat. Nos parents disent qu'on a de la chance de pouvoir aller à l'école jusqu'à quatorze ans. Mais il faut travailler, faire ses devoirs, et oser poser des questions en classe. Certains instituteurs n'hésitent pas à rester plus longtemps à l'école, le soir, pour préparer ceux qui le souhaitent au certificat. Et c'est sans doute à ce type de dévouement que je dois de n'avoir fait que trois fautes à la dictée !

STO et Résistance

En juin 1942, l'Allemagne nazie exige de la France qu'elle lui fournisse 350 000 travailleurs, pour compenser le manque de main-d'œuvre dû à l'envoi des soldats allemands sur le front russe. Le 16 février 1943, Pierre Laval instaure le Service du travail obligatoire, rebaptisé STO. Les jeunes gens nés entre 1920 et 1922 ont alors l'obligation de partir travailler en Allemagne, ou en France pour le compte des Allemands.
Le STO accentue la rupture de l'opinion avec le régime de Vichy, et constitue un apport considérable pour la Résistance. Près de 200 000 réfractaires entrent en effet dans la clandestinité, dont environ un quart rejoignent les maquis. Certains gagnent l'Espagne, puis l'Afrique du Nord, pour s'engager dans la France libre ou dans l'Armée française de libération. D'autres se cachent ou se font embaucher dans des fermes isolées. Certains seront pris dans des rafles organisées par la Milice et la Wehrmacht. Le Parti populaire français met ainsi sur pied, en 1944, des Groupes d'action pour la justice sociale, chargés de traquer les réfractaires.

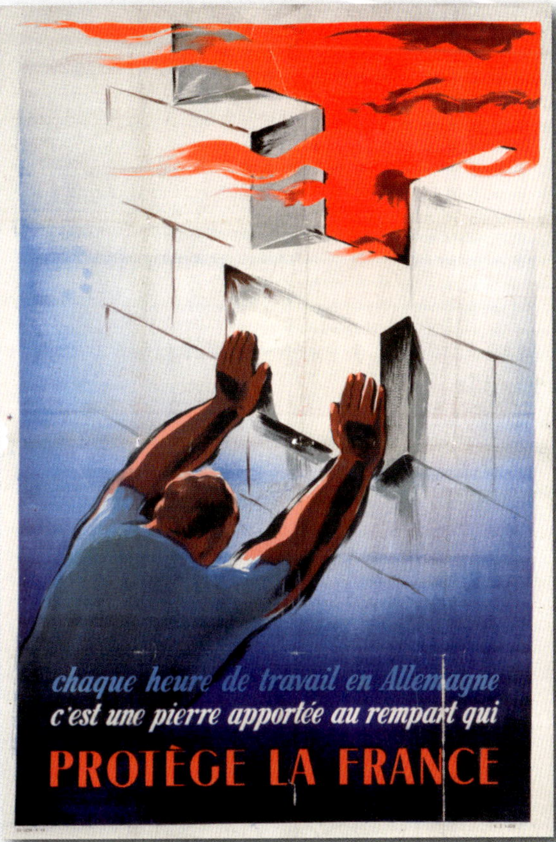

Affiche de propagande pour le STO.

La Résistance

À partir du mois d'avril 1944, les Alliés – et en particulier les Anglais avec leurs bombardiers lourds – cherchent à détruire l'ensemble des moyens de transport et de communication employés par l'occupant : trains, gares de triage, dépôts, casernements… Régulièrement, on entend le moteur des avions ronfler, et mon père ne manque jamais de dire : « En v'là encore qui vont prendre quelque chose. » Quelquefois, ces vrombissements sont suivis d'explosions au loin.

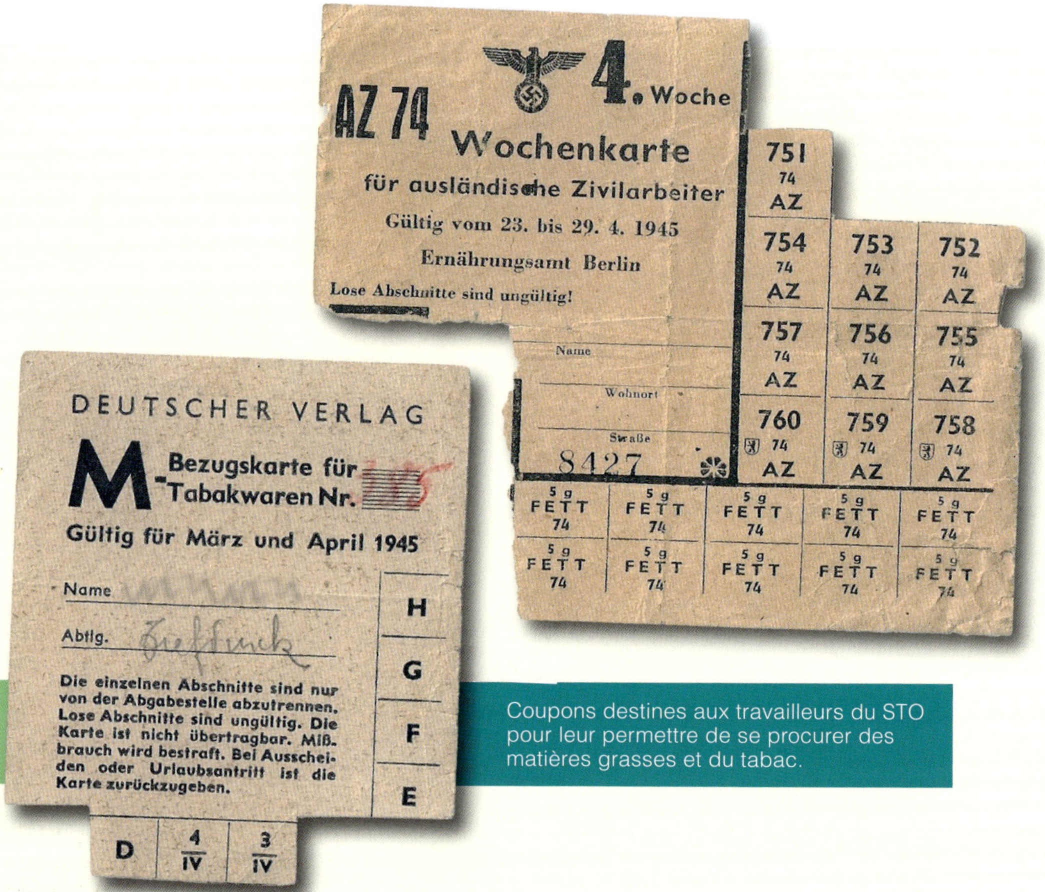

Coupons destines aux travailleurs du STO pour leur permettre de se procurer des matières grasses et du tabac.

Mais une nuit, nous entendons un avion qui semble tourner dans le ciel, puis le craquement épouvantable des canons allemands. De gens courent vers l'endroit où l'avion s'est écrasé. Vers 4 h 30, un autre avion bombarde la ville voisine. Les jours suivants, on raconte que la cargaison a pris feu et a explosé en vol, avant que l'avion ne s'écrase. On est nombreux à vouloir aller voir les débris de la carcasse. Des gens du village ont sorti les corps de la ferraille : tous les occupants étaient morts. Bien plus tard, on apprendra que d'autres hommes ont été parachutés pour rejoindre le maquis local.

De temps en temps, on attrape des bribes de conversations entre adultes où il est question de « maquisards » et de « groupes cachés dans les bois ». Mais il ne faut surtout pas en parler, et il vaut même mieux ne rien savoir.

En mai 1944, une ferme du voisinage est cernée par des automitrailleuses allemandes. Alertés par le bruit des moteurs, ceux qui l'occupaient ont pris la fuite et se sont réfugiés dans la forêt toute proche. Il s'agit de réfractaires au STO, dit-on, et de prisonniers de guerre évadés du camp voisin. Ils ont été recueillis et cachés dans une ferme familiale, à l'orée d'un bois. Mais quelqu'un les a dénoncés aux Allemands au moyen d'une lettre anonyme.

Même pendant la guerre, tout le monde n'est pas condamné aux galoches...

Semelles de bois

Il arrive fréquemment que plusieurs générations cohabitent sous le même toit. Dans la cuisine, pièce commune où l'on passe le plus de temps, on partage les repas et on se réchauffe l'hiver près du feu. Mères et grand-mères sortent alors leur boîte à couture pour réparer les vêtements, recoudre un bouton, faire un ourlet ou repriser des chaussettes.

Chaque jour, par-dessus des culottes courtes et un pull-over, on enfile notre éternelle blouse grise pour aller à l'école. Les jours se ressemblent. « Fais attention à tes chaussures, tu n'en auras pas d'autres », nous répète-t-on en permanence. Bientôt, on ne trouve plus de cuir : on le remplacera par le bois. On se procure des semelles en bois dans une fabrique, et l'on dépose dessus plusieurs épaisseurs d'étoffes cousues ensemble, pour les rendre plus confortables. Ensuite, le cordonnier en fait des chaussures en utilisant du drap épais : ces semelles, qui claquent bruyamment sur le pavé, deviennent des sabots-souliers. En hiver, certains ont même des chaussures en peau de lapin : tout est bon pour avoir chaud aux pieds...

Paris est libérée, nous, c'est pour bientôt...

Jour de liesse

« Ils arrivent, ils arrivent, les Américains arrivent ! » Soudain, la vie s'arrête pour laisser place à la liesse qui envahit les rues. Tout le monde laisse en plan ses occupations pour courir au-devant des soldats sur la grande route, ou se poster devant chez soi. Il y a des cris, des larmes et beaucoup de sourires. On est heureux. Nous faisons signe aux militaires juchés sur leurs jeeps, et ils nous répondent en nous lançant des chewing-gums. On les ramasse et on les glisse dans notre bouche, curieux de découvrir cette pâte sucrée et élastique.

On suit le convoi de chars, d'autochenilles et de camions. Ils roulent en direction de la gare. Ils y bifurquent et s'arrêtent dans un champ à côté d'un bois. Nous observons les hommes qui montent une centaine de tentes canadiennes à deux places. De plus en plus hardis au fil des jours, nous nous approchons des militaires et essayons de nous faire comprendre. Ils nous donnent du chocolat, des cigarettes et des biscuits : on s'essaye à fumer, on tousse et on rigole encore. Peu à peu, on oublie la guerre, les Allemands et la peur.

La libération de la France

Le 6 juin 1944, le débarquement des Alliés sur les plages de Normandie prend les Allemands par surprise. Puis, le 15 août, des troupes américaines et françaises débarquent en Provence, sur la côte méditerranéenne. De nombreuses batailles libèrent progressivement le territoire français : bataille de Normandie, percée d'Avranches, bataille des Ardennes, résistance des maquis de Saint-Marcel, des Glières et du Vercors. En représailles, les Allemands se livrent à des massacres et à des exécutions.
Alors que les Alliés sont aux portes de la capitale, la police parisienne se met en grève, à l'appel d'organisations policières résistantes. Ce mouvement insurrectionnel aboutit à la libération de Paris, le 25 août. La guerre continue pourtant, malgré la progression des Alliés qui espérent achever le conflit avant la fin de l'année 1944.
En septembre 1944, une opération aéroportée, visant à avancer sur l'Allemagne via les Pays-Bas, échoue. La pénurie d'essence, la bataille de l'Escaut en novembre 1944 et la contre-attaque allemande dans les Ardennes en décembre 1944, repoussent le passage du Rhin jusqu'à la fin du mois de mars 1945. Le 7 mai 1945, à Reims, le général allemand Jodl signera les termes d'une reddition inconditionnelle.

Les Allemands sont chez nous.

Le garde champêtre

La vie dans les villages est ponctuée de roulements de tambour et d'appels bien connus de tous : « Avis, avis ! Avis ! Avis… » Le son se rapproche, les cris sont de plus en plus forts, puis diminuent au fur et à mesure que s'éloigne le garde champêtre qui fait le tour de la commune. Ce rituel invite les habitants à se rendre sur la place afin d'y écouter une information qui les concerne tous.

Seule avec un enfant.

Ce jour de printemps 1945, il ne s'agit pas d'une proclamation banale comme le passage du percepteur ou un message du maire. En rejoignant les nombreuses personnes déjà attroupées, un spectacle bouleversant nous attend : deux tractions noires sur lesquelles ont été peintes trois grosses lettres blanches, « FFI », pour Forces françaises de l'intérieur. Des hommes maintiennent trois femmes du village assises sur des chaises. Les yeux baissés, l'une d'elles pleure, tandis que le bourdonnement sourd de commentaires enfle dans la foule qui grossit. « Putains des Allemands », « Elles ont ce qu'elles méritent », « Pauvres femmes »…

Le silence se fait lorsque les hommes brandissent leur tondeuse et commencent à raser la tête des trois femmes en criant : « Voilà le châtiment prévu pour la collaboration horizontale ! » Les femmes pleurent en silence et se laissent malmener. Dans la foule, certains approuvent la punition, invectivent et insultent les condamnées, tandis que d'autres, tête baissée, s'échappent discrètement de cette cérémonie dégradante.

Le débarquement

Le 6 juin 1944, les Alliés réussissent la plus grande opération amphibie de l'histoire, en ouvrant un second front en Normandie. Pendant cette opération « Overlord », 1 213 bateaux de guerre, 736 navires de soutien, 864 cargos et 4 126 engins et péniches débarquent 20 000 véhicules sur les plages de Normandie. Au soir du 6 juin, environ 156 000 hommes ont pris pied sur le sol normand. Les actions des FFI, Forces françaises de l'intérieur, et des maquisards, contribuent à perturber les lignes de communication allemandes. Les opérations de débarquement se poursuivront pendant plusieurs semaines.

Tenue de sortie.

La remise des prix

Avec notre instituteur, nous préparons la cérémonie officielle de remise des diplômes du certificat d'études primaires. L'ambiance est à la détente, car nous savons tous que nous sommes reçus. C'est donc dans la bonne humeur que nous effectuons les tâches que l'on nous confie. Tandis que certains nettoient les tables, les plus grands installent les chaises sous le préau. Les filles, elles, préparent des bouquets de fleurs pour décorer l'estrade.

Il fait chaud en ce jour de juin, et après le déjeuner, l'excitation est à son comble. Vers 15 heures, l'instituteur accueille nos parents endimanchés, mais aussi le maire et le député, qui a spécialement fait le déplacement. Nous, les élèves, nous sommes installés au premier rang sous l'œil vigilant de notre enseignant, qui nous a demandé de bien respecter l'ordre de passage. Après quelques mots de bienvenue, il appelle un enfant de chaque cours. Léonne récite « Le Corbeau et le Renard » avec quelques hésitations, sous les rires bienveillants de l'assistance, suivie d'Andrée avec « La Cigale et la Fourmi ».

Puis vient l'heure tant attendue de la remise des diplômes. Le député et le maire se lèvent. Le premier, après un discours qui nous semble bien long,

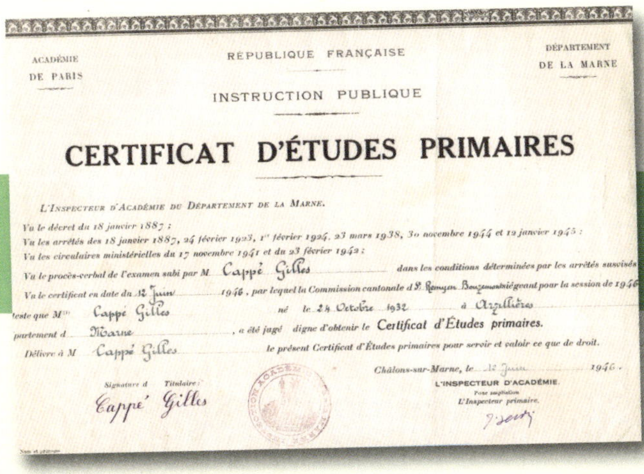

ACADÉMIE DE PARIS

RÉPUBLIQUE FRANÇAISE

DÉPARTEMENT DE LA MARNE

INSTRUCTION PUBLIQUE

CERTIFICAT D'ÉTUDES PRIMAIRES

L'Inspecteur d'Académie du Département de la Marne.

Vu le décret du 18 janvier 1887 ;
Vu les arrêtés des 18 janvier 1887, 24 février 1923, 1er février 1924, 23 mars 1938, 30 novembre 1944 et 12 janvier 1945 ;
Vu les circulaires ministérielles du 17 novembre 1941 et du 23 février 1942 ;
Vu le procès-verbal de l'examen subi par M. Cappé Gilles dans les conditions déterminées par les arrêtés susvisés
Vu le certificat en date du 12 juin 1946, par lequel la Commission cantonale d St Remy en Bouzemont siégeant pour la session de 1946
[at]teste que M. Cappé Gilles né le 24 Octobre 1932 à Arzillières
[dé]partement d Marne, a été jugé digne d'obtenir le Certificat d'Études primaires.
Délivre à M. Cappé Gilles le présent Certificat d'Études primaires pour servir et valoir ce que de droit.

Châlons-sur-Marne, le 12 Juin 1946.

Signature d Titulaire : Cappé Gilles

L'INSPECTEUR D'ACADÉMIE.
Pour ampliation
L'Inspecteur primaire.

Fierté de la famille, le certificat d'études est obtenu.

nomme enfin le premier lauréat. Il lui remet solennellement son diplôme, tandis que le maire dépose sur sa tête une couronne de laurier en papier doré, qu'une petite fille lui remet à chaque passage. Les parents s'émeuvent, les grands retournent fièrement à leur place sous les applaudissements de la salle. La journée se termine en congratulations, et l'on s'invite les uns chez les autres pour fêter l'événement.

« Les Français parlent aux Français »

Tout au long de la guerre, la radio est au centre de la propagande. Mais les Français écoutent la BBC, et s'informent grâce à Radio Londres sur le déroulement de la guerre. Dans un premier temps, les messages personnels permettent aux soldats séparés de leur famille d'échanger des nouvelles. Puis, la radio se met à transmettre des messages codés s'adressant à la Résistance intérieure française, messages compris seulement par leurs destinataires. L'occupant met en place un système de brouillage, mais ne parviendra pas à couvrir l'indicatif sonore, emprunté à la 5e symphonie *de Beethoven.*
Malgré l'interdiction, on écoute chaque soir « Les Français parlent aux Français », une émission indépendante de la France libre diffusée à partir du 14 juillet 1940. La radio de Londres accueille également les chroniques de Jean Oberlé, de Pierre Dac et de Maurice Schumann, qui deviendra le porte-parole officiel de la France libre.
Une fois par semaine, le général de Gaulle intervient. La propagande vichyste le surnomme alors « le général Micro ». De nombreux Français ne connaissent que sa voix.
Pour activer la Résistance juste avant le débarquement, plusieurs centaines de messages codés sont diffusés par Radio Londres : le 1er juin, « Les sanglots longs des violons de l'automne » invite les saboteurs ferroviaires à se tenir prêts. Le 31 août 1944, la dernière émission sera diffusée.

Jour de noces

Un jour, nous allons au mariage d'un cousin dans un village voisin. La noce réunit deux grandes familles, pas moins de cent personnes. Pour l'occasion, on a placé des chaises et des tables dans le grenier de la maison, et fait appel à une cuisinière ainsi qu'à plusieurs femmes qui assureront le service. Les invitées portent des robes longues et de beaux chapeaux ; les hommes sont tous en complet, chemise blanche et cravate. En attendant que le cortège

Qui dit mariage, dit incontournable photo de famille.

s'organise, on attribue à chaque garçon sa cavalière du jour : la mienne s'appelle Bernadette, et nous marcherons côte à côte jusqu'à la mairie.

On y arrive en même temps que les invités de l'autre famille. Ceux qui le peuvent entrent dans la mairie, dont la mariée sortira fièrement au bras de son père. Tout est alors prêt pour la photo : le photographe a installé ses estrades et guide les couples jusqu'à leur place. Puis, le cortège se reforme et suit la mariée et son père en direction de l'église. Le marié, lui, ferme la marche au bras de sa mère.

À la sortie de l'église, des coups de fusil sont tirés. Les invités reforment des rangs pour se rendre au banquet : il n'y a pas de temps à perdre, c'est déjà largement l'heure de manger. Nous prenons place dans le grenier, chacun à côté de sa cavalière, et consultons le menu. Un peu plus tard, les mariés ouvrent le bal. Valse, tango, java ou marche, on danse et on s'amuse, on va prendre l'air et on recommence. L'après-midi passe ainsi, puis le couvert est remis pour le dîner : c'est le moment d'aller réveiller les mariés. On rit, on se moque, chacun y va de son couplet ou de son souvenir. Puis on se retrouve au petit matin pour manger la soupe à l'oignon, avant de se coucher heureux de cette noce où l'on s'est si bien amusé.

Le savoir-vivre, c'est un menu imprimé pour chaque convive.

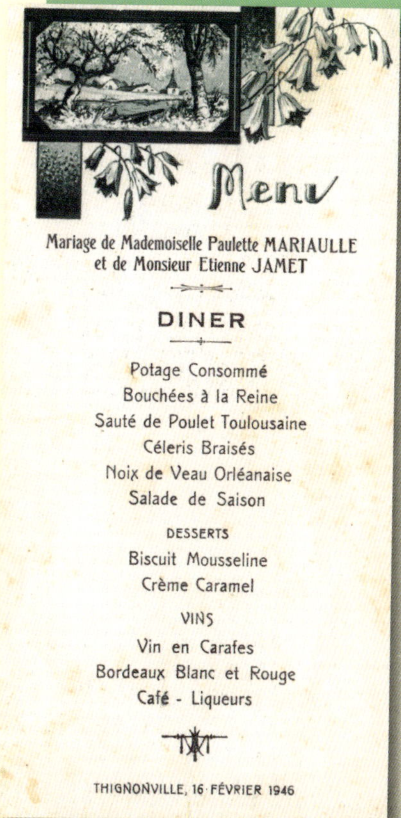

Menu

Mariage de Mademoiselle Paulette MARIAULLE
et de Monsieur Etienne JAMET

DINER

Potage Consommé
Bouchées à la Reine
Sauté de Poulet Toulousaine
Céleris Braisés
Noix de Veau Orléanaise
Salade de Saison

DESSERTS

Biscuit Mousseline
Crème Caramel

VINS

Vin en Carafes
Bordeaux Blanc et Rouge
Café - Liqueurs

THIGNONVILLE, 16 FÉVRIER 1946

Un autre monde

1947-1950

On se retrouve entre copains, on se donne rendez-vous.

La remise à côté du café

À seize ans, nous sommes nombreux à travailler. Il y a ceux qui reprennent l'activité artisanale de leur père, ceux qui se font embaucher à l'usine de textile, de faïence, d'acier ou de ciment, ceux qui aident leurs parents à

Chronologie

5 juin 1947
Le plan Marshall prévoit de mener une politique « contre la faim, la pauvreté et le chaos ».

15 septembre 1947
La paix est officiellement rétablie en Europe.

27 octobre 1947
De Gaulle réclame la dissolution de l'Assemblée et la révision de la Constitution.

11 mai 1948
De retour des États-Unis, Édith Piaf chante « Les cloches » à l'ABC, accompagnée par les Compagnons de la chanson.

21 septembre 1948
Marcel Cerdan remporte la victoire sur l'Américain Tony Zale à la fin du 11e round. Il est sacré champion du monde de boxe.

7 octobre 1948
Présentation de la Citroën 2CV au Salon automobile de Paris.

10 décembre 1948
La Déclaration universelle des droits de l'homme est adoptée à Paris par 56 pays.

4 avril 1949
Signature du pacte de l'Atlantique nord et création de l'OTAN.

26 juin 1949
Pierre Sabbagh présente le premier journal télévisé français. Il en est le créateur, le présentateur et le rédacteur en chef.

1er octobre 1949
Proclamation de la République populaire de Chine par Mao Zedong.

5 décembre 1949
L'essence est de nouveau en vente libre en France. Le litre coûte 46,80 francs.

9 février 1950
Aux États-Unis, le sénateur Joseph McCarthy dénonce « l'infiltration » de plus de 200 communistes dans le département d'État, initiant une véritable chasse aux sorcières.

11 février 1950
En France, création du SMIG (Salaire minimum interprofessionnel garanti).

25 juin 1950
Début de la guerre de Corée, qui prendra fin le 27 juillet 1953.

7 octobre 1950
L'armée chinoise entre au Tibet.

Avec le phono, la vie est plus gaie.

la ferme… D'autres encore partent chercher une place à la ville.

À la fin de la semaine, on aime s'échapper du joug familial et se retrouver entre copains, surtout à la belle saison. On voit les filles se promener bras dessus, bras dessous, et se mettre à pouffer quand elles croisent des garçons. On s'arrête, on échange quelques mots : « Alors, c'est d'accord ? On se retrouve à 15 heures dans la remise à côté du café. »

Les débuts du boogie-woogie.

Cette remise appartient au patron du café, et il la prête volontiers à la jeunesse. Ce rituel est institué depuis bien longtemps, et nous, on fait comme nos aînés. On se retrouve à huit ou dix personnes, l'un de nous amène son phono et des disques, et on se met à danser. On a pour ainsi dire notre cavalière attitrée. Les couples se forment simplement, on virevolte au rythme des valses et des tangos... On rit quand une fille crie parce qu'elle se fait marcher sur les pieds et se fâche contre son cavalier. Il nous arrive aussi de recommencer au début d'une chanson quand un couple a du mal à démarrer. À cette époque, on écoute du jazz à la radio, et on fredonne les chansons de nos artistes préférés, comme Maurice Chevalier ou Charles Trenet.

C'est ainsi que nous apprenons, les plus doués montrent aux autres comment procéder. Les amoureux restent dans un coin à discuter en se tenant la main. On ne voit pas le temps passer... Quelquefois, un accordéoniste vient nous accompagner, et c'est comme au bal, on danse sans s'arrêter. Vers 18 heures, il y en a toujours un pour dire qu'il est temps de rentrer, et nous rentrons chez nous le cœur gai. La vie est belle, la guerre est loin.

L'Exodus

La situation des Juifs tout juste libérés des camps de concentration est pour le moins préoccupante. Certains d'entre eux tentent de s'exiler en Palestine, mais la Grande-Bretagne, qui administre le territoire, se montre sévère face à l'immigration clandestine. Dès 1947, dépassée par la situation, elle présente l'affaire devant l'ONU. C'est dans ce climat politique houleux que le 10 juillet de la même année, le paquebot Président-Warfield *appareille au port de Sète en France, en direction de la Palestine. À son bord, 4 400 Juifs, survivants des camps nazis.*

Pendant la traversée, les passagers nomment le navire et leur expédition Exodus, *en souvenir du périple de Moïse vers la Terre sainte. Ils arrivent le 18 juillet dans le port de Haïfa, mais sont refoulés par les Britanniques. Le navire est reconduit sous escorte militaire jusqu'à Marseille, où il parvient le 27 juillet. Les passagers refusent alors de débarquer. Le 7 septembre, ils sont débarqués de force dans le port de Hambourg.*

*De nombreux passagers de l'*Exodus *finiront par rejoindre clandestinement la Palestine. En novembre, l'ONU entérine une résolution qui propose un partage de la Palestine entre un État juif couvrant 55 % du territoire sous mandat, et un État arabe. Le 14 mai 1948, la naissance d'un État juif, nommé État d'Israël, est officiellement annoncée. En 1949, Israël, admis à l'ONU, abolit les restrictions à l'immigration pour tous les Juifs et les invite à immigrer.*

Édith et Marcel, la romance de la boxe et de la chanson française.

Marcel Cerdan

Les Français suivent de près les matches et le classement de Marcel Cerdan, entre autres parce qu'ils aiment sa simplicité et qu'il leur semble proche d'eux. Lorsqu'il devient champion du monde de poids moyens, c'est la joie : tout le monde veut lui ressembler.

Entre son premier combat professionnel à Meknès en catégorie mouche, et ce 21 septembre 1948 où il bat l'Américain Tony Zale, il a parcouru un long chemin. Il devient champion de France des mi-moyens en 1938. Dès 1940, il s'entraîne à Paris : on le surnomme rapidement « le bombardier marocain ». En 1942, il remporte le championnat d'Europe des mi-moyens. C'est en 1945 qu'il passe dans la catégorie moyen, et accède, le 13 mai, au titre de champion de France.

Les chemins d'Édith Piaf et de Marcel Cerdan se croisent pour la première fois à Paris, le 7 juillet 1946. Après son match contre Holman Williams, le boxeur assiste au spectacle que la chanteuse donne au Club des cinq, à Montmartre. Il la retrouve à New York, alors qu'elle chante au Versailles, de janvier à mars 1948. Au sommet de leurs gloires respectives, leur relation passionne le public – d'autant que Marcel est déjà marié et père de deux enfants.

Le 28 octobre 1949, on apprend que le boxeur fait partie des 48 victimes de l'accident de l'avion Paris – New York qui s'est écrasé aux Açores. Après un match d'exhibition à Troyes, il avait échangé son billet de bateau pour New York contre un billet d'avion, afin de rejoindre Édith Piaf plus rapidement. Il avait trente-trois ans.

Le 18 novembre 1949, Marcel Cerdan reçoit à titre posthume l'Ordre de la nation avec la citation suivante : « Champion de boxe, dont la conduite pendant la guerre et la juste popularité ont fait l'une des figures les plus exemplaires du sport français ». Trois jours plus tard, la Légion d'honneur lui est décernée.

À bicyclette

La semaine de travail terminée pour les uns, le retour à la maison depuis l'internat pour les autres, le dimanche est synonyme de retrouvailles. Dès le printemps, on sort presque tous les dimanches. Il y a toujours un bal quelque part, et pédaler pour nous y rendre ne nous fait pas peur. Toute la jeunesse du coin fait comme nous, on attend ce moment avec impatience. À notre arrivée, nous observons les jeunes filles groupées autour de leur chaperon, qui attendent un cavalier. Les regards se croisent, les garçons s'enhardissent et vont inviter une belle à danser. Les filles sortent en groupe, accompagnées d'une femme d'âge mur qui « surveille » leurs allées et venues ainsi que leurs rencontres.

Celle qui me plaît a dit oui : nous dansons une java puis une valse. On ne se quitte pas de l'après-midi, sans se dire grand-chose – on n'ose pas.

Pour être un jour aimé de toi

PREMIER COUPLET

Une fois, rien qu'une fois ma mie
Pardonne-moi d'être indiscret
Du journal où j'ai noté ma vie
Je veux te dire le secret.

REFRAIN

Pour être un jour aimé de toi
Je donnerais ma vie
Ecoute mon cœur plein d'émoi
Qui t'aime et te supplie
C'est toi la seule qui m'enchantes
Oh ! ne sois pas méchante
Enlève-moi mon souci
Et dis-moi que tu m'aimes aussi,

DEUXIEME COUPLET

Loin de toi mon cœur bat la breloque
Et je ne peux plus être heureux
Je vois bien que de moi tu te moques
Et j'ai des larmes dans les yeux.

REFRAIN

Pour être un jour aimé de toi
Je donnerais ma vie
Ecoute mon cœur plein d'émoi
Qui t'aime et te supplie
C'est toi la seule qui m'enchantes
Oh ! ne sois pas méchante
Enlève-moi mon souci
Et dit-moi que tu m'aimes aussi.

On danse, on chante les refrains à la mode.

En rentrant, les copains se taquinent : « Alors Gilles, tu n'as dansé qu'avec Gisèle aujourd'hui… » Sur nos vélos, on discute avec les copains pour essayer d'en savoir plus sur la belle de nos pensées. Il y a en toujours un pour renseigner les autres, où elle habite, quel métier exerce son père, si elle a des frères et sœurs…

À la fin du mois d'août, avec les congés dont nous bénéficions, c'est plus facile de se voir. On va se baigner à la rivière, se promener… Par un jour de grand soleil, Gisèle est là, au bord de l'eau. Elle échange quelques mots avec sa chaperonne avant de me rejoindre. On reste quelques minutes à discuter en prenant soin de rester dans le champ de vision de son groupe. On échange quelques banalités sur la température de l'eau, et on se donne rendez-vous au prochain bal, heureux.

On fait connaissance, on discute en se promenant.

Travailler avec un tracteur, quel modernisme…

Les tracteurs arrivent

*Après la deuxième guerre mondiale, il faut reconstruire l'Europe : c'est l'ambition affichée par le plan Marshall, qui veut également « faire reculer le communisme ».
Une aide financière est distribuée par les États-Unis aux pays qui acceptent de signer des accords, dont les contreparties varient. Seize pays seront concernés, dont la France.
Dans les campagnes, la reconstruction passe par l'arrivée de quelques tracteurs, qui font déjà bien des envieux. En 1949, les garages vantent les mérites des modèles de tracteurs comme le Pony 812 et le Renault 3042 à essence. On se tient au courant : la mécanisation, ça change le travail. Plus rapides que les animaux de trait, et surtout infatigables, ces tracteurs permettent de passer d'une dizaine d'hectares par travailleur à plus d'une vingtaine. Cette modernisation fait entrevoir le développement des entreprises agricoles : l'élevage devient intensif, et de nouvelles variétés végétales se répandent.*

Adieu cheval, tu vas pouvoir te reposer !

La moto, quelle vitesse ! Faisons un tour…

Tu seras agriculteur, mon fils !

Charpentier, charron, ébéniste, boulanger, boucher, maréchal-ferrant… Nous exerçons tous le métier que notre père a choisi pour nous, en apprenant sur le tas ou en apprentissage. Moi, je voulais être mécano. J'aime les moteurs, les pistons et les machines qui vrombissent. Avec les copains, on ne se lasse pas d'aller regarder de près la moto de l'instituteur, la Juva 4 du garage voisin, mais aussi les tracteurs, qui font leur entrée dans les fermes.

Mais, comme pour les autres, c'est mon père qui a décidé, et je n'ai pas eu d'autre choix que d'obéir. Ainsi, à quatorze ans, après mon certificat d'études, je commence à travailler à la ferme familiale. Mon père m'apprend bientôt que je vais suivre des cours agricoles par correspondance; j'obtiendrai un diplôme en trois ans.

Il m'aide, toujours derrière moi, et apprend en même temps que moi : l'agriculture, la terre, les plantes, les engrais, la zootechnie... Je ne suis pas le seul à faire ces études, nos pères veulent que nous soyons plus instruits qu'eux « pour avoir une vie meilleure ». On connaît tous de près ou de loin le fils d'un médecin parti faire ses études à Paris. Il y a aussi les saisonniers, qui se font embaucher pour la tonte des moutons ou la moisson, et qu'on voit une fois par an. Et des filles qui veulent devenir institutrices, et qui passent le certificat d'études supérieures.

Je finis par obtenir mon diplôme : mon père, fier de moi, déclare : « Maintenant, tu vas pouvoir t'installer comme agriculteur, les banques te prêteront de l'argent. »

Diplôme de cours agricoles et projet d'installation.

COURS AGRICOLES et MÉNAGERS de la CHAMPAGNE

REIMS -- 7, BOULEVARD FOCH, 7 -- REIMS

DIPLOME de FIN d'ÉTUDES

Mr CAPPE Gilles

a subi avec succès l'examen institué à la fin de la 3e Année d'Études avec Mention bien

Le Président des Cours,

l'Ingénieur en Chef Directeur des Services Agricoles.

LA MAISON RUSTIQUE

LA TERRE NE MENT PAS

Annapurna vaincue

À la une de nombreux journaux, on peut voir des images de l'expédition en Himalaya menée par l'alpiniste Maurice Herzog. Le journal télévisé le montre, mains et pieds bandés, interviewé sur son lit d'hôpital par Georges de Caunes.
Le 3 juin 1950, à 14 heures, Maurice Herzog, chef de l'expédition, a atteint avec Louis Lachenal, guide, le sommet de l'Annapurna, à 8 078 mètres : ils sont les premiers à fouler un sommet de plus de 8 000 mètres. Ils brandissent le drapeau tricolore.
Ce n'est que pendant la descente que les quatre alpinistes qui les accompagnent se rendent compte que les doigts de Maurice Herzog sont violets et durs comme du bois. Il sera amputé des doigts et des orteils.
Le 2 novembre, une réception est organisée au palais de l'Élysée par Vincent Auriol. Le président du Comité de l'Himalaya et le président du Club alpin français lui présentent les membres de l'expédition, et le président de la République félicite les pionniers de cette aventure, dont les blessures disent encore les difficultés.

C'est elle que j'épouserai

À dix-huit ans, on rêve de liberté, de faire ce qu'on veut, de décider soi-même. Mais notre père a déjà choisi notre métier, et il en sera de même pour notre future femme. Il se justifie en disant : « Le mariage, ce n'est pas rien… », et poursuit avec : « Je sais ce qui est bien pour toi. » À la maison, les discussions sont

Jolie robe et complet: on va danser ?

Quel heureux hasard, quel plaisir de vous rencontrer !

houleuses sur le sujet. Ma mère m'enjoint d'« arrêter de fréquenter cette fille », mon père en préfère une autre, « une fille bien, et courageuse avec ça ». Ce n'est pas facile, alors, de tenir tête à ses parents. On s'écrit en secret, mais quand le courrier arrive, il a déjà été ouvert à la vapeur et recollé au blanc d'œuf.

Je finis par écrire une lettre à mes parents : « Si vous ne voulez pas de Gisèle, je quitte la maison. Le garage est prêt à m'embaucher comme mécano, je me débrouillerai tout seul et dès que je pourrai, je l'épouserai. » La menace est prise au sérieux, et bientôt, nous fixons une date de mariage.

La modernité et le confort s'installent peu à peu dans notre quotidien. La vie nous semble de plus en plus belle. À l'aube des années cinquante, des Trente Glorieuses et de la Nouvelle Vague, l'entrain et la gaieté sont de mise. Nous faisons des projets de voyages, d'achats de voiture ou de télévision. Pour nous, la vie ne fait que commencer…